OD

管理赋能

流程设计与实操全案

李艳娜 ◎ 著

化学工业出版社

·北京·

内 容 简 介

在商业环境和市场环境复杂多变的情况下，企业亟须改变对组织的传统认知，用新视角去审视组织管理，这个新视角就是OD。OD管理是一种新型的组织管理方式，其关注组织愿景、目标和活动过程，系统性诊断、解决组织内部问题，引领组织持续变革与长期发展。

《OD管理赋能：流程设计与实操全案》从OD的概念、优势、工具、诊断流程以及组织设计、组织变革、组织绩效等多个方面展开探讨，帮助企业管理者建立对OD管理系统的认知，了解规范化的OD管理流程，掌握正确的OD管理方法。同时，本书也可供已经开展OD工作的管理者进一步提升组织管理技能，优化组织管理模式，通过科学的OD管理方法挖掘组织的更多潜能。

图书在版编目（CIP）数据

OD 管理赋能：流程设计与实操全案 / 李艳娜
著 . —北京：化学工业出版社，2024.3
ISBN 978-7-122-44825-5

Ⅰ.①O… Ⅱ.①李… Ⅲ.①企业管理 Ⅳ.①F272

中国国家版本馆 CIP 数据核字（2024）第 011015 号

责任编辑：刘　丹　　　　　　　　装帧设计：仙境设计
责任校对：王鹏飞

出版发行：化学工业出版社（北京市东城区青年湖南街 13 号　邮政编码 100011）
印　　装：大厂聚鑫印刷有限责任公司
710mm×1000mm　1/16　印张 14　字数 150 千字　2024 年 5 月北京第 1 版第 1 次印刷

购书咨询：010-64518888　　　　　　售后服务：010-64518899
网　　址：http://www.cip.com.cn
凡购买本书，如有缺损质量问题，本社销售中心负责调换。

定　　价：78.00 元　　　　　　　　　　　　　　版权所有　违者必究

前言

内外部环境的变化给企业发展带来了新的机遇和挑战，企业需要通过组织变革做出适应性的调整，以保持自身的竞争优势。在此基础上，OD（组织发展）管理逐渐成为组织管理变革的新方向。

OD 以提升组织整体运营效益为目标，广泛应用行为科学知识，为组织提供科学的发展战略和有针对性的改进计划，并参与、监督组织变革发展的全过程，推进组织不断优化、演进。当下，OD 管理模式成为众多知名企业在组织管理工作上的新尝试。

首先，本书从 OD 的概念出发，帮助读者了解 OD 的定义、特点、类型和发展趋势。同时，将 HR 与 OD 进行对比论证，阐述二者之间的区别和联系，为读者提供 HR 与 OD 的融合视角。此外，本书从成本、资本、战略等方面分析了 OD 管理的优势，帮助读者了解为什么要实行 OD 管理，以及 OD 能够为企业带来什么。

其次，本书从实践的角度论述 OD 实践者需要具备的基本素养、能力，以及需要掌握的工具，并对 OD 工作的流程进行了系统性的阐述，帮助读者了解 OD 工作开展的基础和条件，以此奠定实行 OD 管理的基础。

再次，本书从组织诊断、组织设计、组织变革、组织绩效、人才管理等多个维度对 OD 管理的细节展开论述，剖析组织中的常见问题，并以战略为导向提供组织问题解决方案和组织结构优化流程，帮助读者掌握正确的组织设计和优化方法，形成强大的组织管理能力。

最后，本书从组织环境角度论述组织文化和组织能量的建设，分析文化和氛围对组织效益的影响，帮助读者提升组织文化的感染力和凝聚力，提升组织成员的工作效率和积极性，消除影响组织发展的障碍，充分发挥组织成员的潜能。

本书为企业管理者提供科学的 OD 管理理论指导和系统的 OD 管理实践方法，帮助企业管理者树立清晰的 OD 管理认知，掌握科学、有效的 OD 管理技能，引领组织在发展与变革中充分释放最大化价值，为企业创造更多效益。

著者

目录

第 1 章
蜕变时代，OD 的需求涌现

第 2 章
核心优势：OD 能够实现组织跃迁

第 3 章
能力要求：成为 OD 实践者

第4章
OD 工具：各类型工具模型大盘点

第 5 章
组织诊断：评估组织健康状况

第 6 章
组织设计："排兵布阵"发挥组织效能

第7章
组织变革：推动组织迭代新生

第 8 章

组织绩效：激励员工提升绩效

第 9 章

人才管理：为组织提供高素质人才

第 10 章
组织文化：增强企业凝聚力

第 11 章
组织能量：构建具有安全感的组织氛围

第1章
蜕变时代，OD的需求涌现

当前，充满不确定性且竞争激烈的市场环境，使得企业很难轻易做出战略规划。新时代对企业变革的速度与变革的能力提出了更高的要求，企业需要具备更强的应变能力。

现在，企业之间的竞争已经从战略竞争、技术竞争转变为组织蜕变能力的竞争。OD[1] 能够促使僵硬的组织进化为具有生命力的组织，提升企业及时应对行业变化、响应市场需求的应变能力。

---

[1] organization development，组织发展，本书也用 OD 来代指组织发展管理工作。

1.1　OD 概念解析

要想建立完善的 OD 管理模式，企业就需要先充分了解 OD 的概念，包括 OD 的定义、目标、特点、类型等。本节将深度拆解 OD 概念，帮助读者建立全面、清晰的认知。

1.1.1　OD：定义 + 目标 + 特点

1. OD 的定义

OD，是 organization development 的缩写，意为组织发展，指的是通过对组织内部的关系、文化和价值观等方面的调整，促进组织内部的发展和变革，是一种以系统、全面地改善组织的各种活动为主要目标的管理方法。

2. OD 的目标

OD 能够对组织的文化、结构、流程、人员等各个方面进行优化，从而达到提升组织整体绩效的目的。OD 的主要实施目标，如图 1-1 所示。

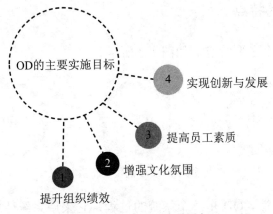

图 1-1　OD 的主要实施目标

（1）提升组织绩效。组织的高效发展需要企业合理安排组织的各种职能和任务，减少组织内部事项的冗余。OD 通过完善组织架构、优化组织运营流程、加强组织管理等方式来提高组织绩效，最终提升企业的整体效益。

（2）增强文化氛围。OD 通过改进组织文化，包括价值观、信仰和行为准则等，使组织内部达到和谐、稳定和高度协调。OD 注重良好组织文化的建设和整个组织的长远发展。

（3）提高员工素质。OD 能够助力企业建立完善的员工培养机制，有助于提高员工素质和技能，提高员工绩效和组织整体效益。职业培训是提高员工技能的有效手段，合理的职业培训计划可以满足员工的学习需求，提高员工的工作能力，为组织的创新和发展提供保障。因此，企业需要建立人力资源管理制度，通过激励制度、培训计划和职业规划，吸引和留住优秀员工。

（4）实现创新与发展。OD 通过创新组织管理方式、优化流程、引入先进技术，使组织始终处于创新与发展中，更好地适应不断变化的外部环境。

3. OD 的特点

OD 有 3 个主要特点，如图 1-2 所示。

图 1-2　OD 的主要特点

（1）系统性。OD 是一个系统的过程，它采用系统性思维对组织运行的各个环节进行分析和优化，从而达到整体的协调和提升。OD 包含了一系列组织系统运作的方法和手段，综合考虑组织环境、人员及其互动。相较于传统的组织模式，OD 能够更加全面、系统、协调地解决问题。

（2）计划性。OD 是一个长期发展的过程。OD 需要制订全面的改进计划，并在实施计划的过程中不断以结果和反馈为导向进行调整，包括对组织现状的分析、制定改进目标和实施步骤等，以确保改进的有序和有效，达到最佳的组织改进效果。

（3）全面性。OD 的目标是提高整个组织的绩效。基于此，OD 强调对整个组织架构和组织文化的改进。OD 关注整个组织的各个方面，不仅是管理层面，还从人员、流程、文化等多方面进行优化，确保整个组织的协调和高效运转。OD 需要平衡组织各个方面的利益，协调各个相关部门和人员之间的关系，确保整个组织和谐、协调地运转。

总之，OD 作为一种现代化的组织变革手段，能够持续地为企业带来价值，强化企业的竞争优势，是现代企业不可或缺的管理方法。OD 能够解决复杂多变的问题，广泛应用于各个行业和企业。实施 OD 不仅能够提高组织的效益和竞争力，还能给员工带来更多福利。开展 OD

活动需要制订详细的计划和方案，充分考虑组织特点和员工需求，以实现组织和员工的共同发展。

1.1.2　OD 与 HR 的关系

OD 和 HR（human resource，代指人力资源管理）之间有着密切的关系，二者相互影响、相互促进。OD 和 HR 都是促进员工成长和人力资源管理的有效工具，都能够助力企业实施、完善员工管理策略。

首先，OD 和 HR 都是企业管理的重要组成部分，都能够在维持组织健康运转方面发挥关键作用。HR 专注于管理、开发和维护企业人力资源，以提高员工的工作效率和满意度，从而提高企业竞争力。而 OD 更关注如何使企业达到更高的发展目标，通过变革组织的结构、技术、人员和文化等，推动企业实现长远发展。

其次，OD 和 HR 都旨在增强组织的有效性。HR 管理包括招聘、绩效管理、员工培训和发展等，目标是打造一个优秀的组织，为员工的工作提供支持。而 OD 采用更广泛的方法，其目标是优化组织架构，提升组织绩效，包括精简不必要的流程、改善与客户之间的关系和降低组织运作成本等。

最后，OD 和 HR 之间存在着相互协调的作用。HR 需要 OD 的支持，而 OD 也需要 HR 的配合。HR 需要不断探索新的管理方式，从而更好地适应企业的发展。OD 需要 HR 的支持和推广，让更多人了解 OD 的概念和应用方法，更好地推行 OD 管理。只有 HR 管理顺利推行，才能为企业成功实施 OD 管理打下坚实的基础。

OD 和 HR 共同促进了组织文化建设，使企业文化变得更加开放和包容。无论是 OD，还是 HR，都将员工看作企业的重要资源，都尊重员工为企业所做出的贡献。

1.1.3　岗位价值 + 岗位职责

随着 OD 逐渐成为一种被广泛使用的管理模式，OD 岗位也逐渐受到职场人士的广泛关注。OD 岗位有哪些价值？ OD 岗位具体需要履行哪些职责？下文将基于上述问题展开论述。

OD 岗位的价值主要在于，提供一个有组织、有计划的方法，推动企业管理变革。OD 岗位对组织发展方面一些科学的方法进行具体实践，为组织管理人员与员工提供了参与企业管理变革和改进过程的机会。OD 岗位有利于解决组织中的人力资源管理问题，提升员工的士气和工作动力。

同时，OD 岗位还可以增强企业内部的有效沟通，协助组织管理人员与员工化解冲突和误解。OD 岗位通过对员工和组织管理人员进行培训或给予指导，改善组织中的关系，促成组织内部的团结与协作，从而提高员工的绩效和组织的整体交互效率。

此外，OD 岗位还能够协助企业进行重组和整合。当企业发生并购、扩张等结构性变革时，OD 岗位的专业人员可以设计合适的组织架构和管理流程，以及时适应新的发展方式，缩短变革期，提高效率。

OD 岗位的主要职责是协助组织管理人员进行组织变革和改进，以提高组织的运转效率和员工的绩效。OD 岗位的具体职责有：分析和评估现有的组织架构，制订变革计划，帮助员工适应变革等。OD 岗位通过为组织提供有效的沟通和解决问题的方式，促进组织各部门之间的协作。

OD 岗位的职责和要求如下：

1. 职责

（1）与管理层和员工合作，制订改进组织绩效的战略规划；

（2）分析组织状况，并提出合理的变革建议；

（3）指导管理人员和员工，以解决组织内部的问题和冲突；

（4）制订有效的培训计划，提高员工的技能；

（5）调查和分析员工的态度和行为，推进组织变革；

（6）协助员工制订职业发展计划，提高员工的绩效和积极性；

（7）提供便捷的沟通方式，鼓励员工沟通、协作，共同促进组织目标实现。

2. 要求

（1）深入了解组织发展领域的实践和理论；

（2）具备分析数据和解决问题的能力；

（3）具备与各级管理人员和员工有效沟通和协作的能力；

（4）掌握相关技能，如培训计划设计、调查分析等。

1.1.4　三大支柱：硬 OD、软 OD、隐 OD

硬 OD、软 OD、隐 OD 已经成为企业组织管理的三大支柱，它们具备不同的应用价值，支撑着新时代企业组织的变革、发展和迭代。下文将对三者的功能和作用分别展开论述。

1. 硬 OD

硬 OD 注重组织管理流程中的架构设计，强调组织架构要符合信息传递和企业治理的逻辑，以更好地支撑企业战略执行。硬 OD 是对企业内部一系列组织架构和流程的重组，旨在降低组织管理成本，提高组织管理效率。

硬 OD 通常依赖于数据分析。例如，企业可以采用精益生产和六西格玛等工具，分析组织发展的概况，找出并突破发展瓶颈，从而提高生产效率。在发展硬 OD 的过程中，企业应该注意避免过度依赖数据分析，也要考虑到员工对变革的反应和接受程度。

2. 软 OD

软 OD 注重组织管理如何维持组织长期、持续、健康的发展。软 OD 通过洞察组织内部人员的动机，提升组织的有效性，进而稳定组织秩序，提升组织运转效率，增强组织凝聚力。

相较于硬 OD，软 OD 更加细化。软 OD 强调文化激励，通常以培训、沟通和合作等形式开展活动。软 OD 更注重员工的感知、认知和信任。它鼓励员工不断创新，使组织形成更加积极、协同、开放的文化，以提高员工的幸福感和绩效。例如，企业可以通过福利、员工发展规划等给员工提供更好的职场体验。与硬 OD 相比，软 OD 对于员工具有更加明显的针对性，文化激励因素是软 OD 的关键因素。

3. 隐 OD

隐 OD 注重对组织动力的管理，强调对组织内部人际关系的调节和维护，关注组织成员间的人际互动张力。隐 OD 关注组织中冲突、焦虑、嫉妒、恐惧等因素对组织领导者行为的影响。隐 OD 致力于在组织内部构建更加积极的人际关系和正向的情感连接，维护组织成员之间的信任关系，帮助组织成员形成共同目标，并完成对共同目标的追求。

在隐 OD 的发展过程中，基于信任和理解的组织关系会持续产生更大的价值，并转化为更高的工作效率。因此，在隐 OD 的发展过程中，企业应该鼓励和促进团队合作，同时还需要建立积极、透明的沟通机制，使员工之间的交流更为顺畅。

总之，硬 OD、软 OD 和隐 OD 是企业管理中必不可少的三大支柱。它们互相支持、互为补充，能够从多个角度实现企业组织全面转型和优化。企业在实践中应该根据自身的实际情况，结合企业文化、管理水平及员工特点等因素，灵活运用企业组织管理的这三大支柱，从而使 OD 在企业组织变革中发挥出最大的作用。

1.1.5　四大类型：流程型、专业型、战略型、商业型

组织发展是一个数据收集、行为诊断、干预和评价的系统过程，旨在提高组织的运转效率，改善组织的流程，提高员工工作质量，开发组织潜能。针对不同组织的不同需求和不同发展阶段，OD 可以分为 4 种类型，如图 1-3 所示。

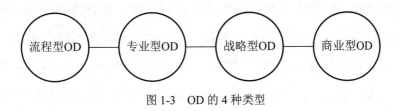

图 1-3　OD 的 4 种类型

1. 流程型 OD

流程型 OD 是一种针对组织运作中存在的内部流程问题，依据业务场景优化工作流程，提高工作效率，降低成本的组织发展模式。流程型 OD 的核心是缩短组织内部业务流程时长，使各部门之间及时协

作，减少资源浪费和重复劳动。流程型 OD 需要对组织内部流程不断优化和改进，提升组织的运作效率和协作效果。相较于其他类型的 OD，流程型 OD 的职能相对简单，其主要负责考核组织、员工绩效，推动员工晋升，完善员工管理流程。

2. 专业型 OD

专业型 OD 是为了促进员工专业能力提升而实施的一种组织发展模式。专业型 OD 的目标是提高员工职业技能水平，使员工具有更高的职业素养和专业素质来满足企业发展的需求，提升企业的竞争力，并强化组织的人才优势。专业型 OD 定位于提升员工的核心竞争力，为员工提供专业技能及知识培训，提高员工的专业能力及素质。

专业型 OD 的职能主要在于设计专业的职级体系、绩效管理方案、胜任素质模型和岗位称重等，能够识别关键岗位并制订继任计划，完成人才盘点，并能够基于业务的需求设计专业的人才分配方案。

3. 战略型 OD

战略型 OD 是为了帮助组织适应环境变化、做好战略定位、实现持续发展而实施的一种组织发展模式。战略型 OD 需要结合组织的发展需求和市场的发展趋势，对组织内外部环境进行全面分析，明确组织未来发展的方向。同时，战略型 OD 需要进行内部组织平台优化、战略管理及人力资源优化，以提高组织运转效率和竞争力。

战略型 OD 的职能在于基于企业业务发展的需要，识别、诊断组织的核心问题，并为组织提供科学、有效的问题解决方案和组织变革落地方法。解决方案中可能会涉及业务流程优化、组织架构和管控模式调整、关键岗位人才流动、组织效率提升、核心能力建构、人才结构重新配置等事项。战略型 OD 需要能够建立从战略制定、战略生成、战略澄清、战略解码，到战略实施的战略管理闭环体系，并有效推进战略执行。

4. 商业型 OD

商业型 OD 是一种以商业价值为导向的组织发展模式。商业型 OD 致力于提升企业的综合竞争力，实现可持续的商业价值增长。商业型 OD 以企业的商业模式、市场营销模式以及销售模式为核心，重视"人"这一重要的资源，通过对员工进行培训、提高管理人员的管理能力、招募人才等方式，实现组织的盈利增长。

在职能方面，商业型 OD 的职能主要向外扩展。商业型 OD 基于企业业务发展战略，挖掘合作伙伴和客户的需求，持续思考 OD 对合作伙伴、客户的商业价值，为合作伙伴、客户提供以企业产品、服务为基础的组织能力赋能或咨询服务。

综上所述，不同类型的 OD 针对不同的组织需求和不同的发展阶段，通过不同的方案和方法实现组织的优化和升级。流程型 OD、专业型 OD、战略型 OD 和商业型 OD 是相辅相成的，其目的都是实现组织的可持续发展。

1.2 时代趋势：HR 转向 OD 视角，提升业务能力

在时代发展的驱动下，企业需要不断提升自身的组织发展能力，以提高组织效益，适应不断变化的商业环境。因此，OD 逐渐成为 HR 发展的新视角，其能够优化 HR 管理模式，解决 HR 管理中存在的问题，提高组织的整体发展效率。

1.2.1 需求转变：企业对 HR 提出了新要求

HR 部门是企业中一个不可或缺的部门，它负责找到、吸引、培训和留存企业所需的人才。无论企业规模大小，都需要一个强大的 HR 团队为企业发展提供坚实的人才保障。

HR 部门负责招聘、培训和绩效评估等重要工作，能够为其他部门的工作开展提供协助和支持。HR 帮助员工理解企业愿景、使命和价值观，在企业文化建设中扮演着重要的角色。

HR 团队对于企业来说至关重要。企业需要一个经验丰富、高效的 HR 团队来支持日常的业务运营和未来的发展战略。但随着现代经济的发展和科技的进步，企业对 HR 也逐渐提出了更高的要求，并对 HR 的

工作职责进行战略性思考。

首先，传统的 HR 管理模式较为规范化和标准化。在这种模式下，HR 更多地关注企业内部的管理和生产效率的提升，而忽视了员工的创造力。其次，传统的 HR 的职能主要集中在人力资源方面，如招聘、培训、员工绩效管理、员工工资和福利等。对于企业而言，这些职能非常重要，因为企业需要通过这些工作吸引和留住人才，并激励全体员工积极工作。如今，社会处于变革时期，这些职能不能很好地满足企业发展的需要。企业对 HR 的期望发生了变化，主要体现在以下几个方面：

（1）战略影响力。HR 需要拥有与高层管理者的期望相匹配的战略影响力。HR 应该了解企业的目标和愿景，并制定相应的人力资源战略。

（2）协作能力。HR 需要具备与其他部门协作的能力。这需要 HR 在企业内部建立有效的沟通和协作机制，以确保各个部门之间能够有效地交流和协作。

（3）组织设计能力。HR 需要具有组织设计的技能。这需要 HR 了解不同岗位的需求，以建立一个最为合适的组织架构。

（4）人才管理能力。HR 需要具有更广泛的人才管理技能。这需要 HR 充分掌握人才管理知识和各种技巧，帮助企业吸引、留存优秀人才。

战略影响力、协作能力、组织设计能力和人才管理能力在现代企业的组织管理中越来越重要，而 OD 正是对 HR 管理能力的完善和补充。因此，很多企业将 OD 引入了组织管理中。

1.2.2 路径拆解：视角转变，以 OD 的思维做 HR

HR 与 OD 的融合已经成为组织管理的主流发展趋势，HR 需要在人力资源管理工作中融入具备更高战略性的 OD 思维。二者的融合是一个漫长的过程，离不开企业的支持。

HR 与 OD 融合的路径拆解如图 1-4 所示。

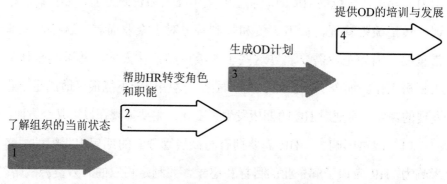

图 1-4　HR 与 OD 融合的路径拆解

第一步，企业应了解组织的当前状态。这需要企业在组织内部进行一系列深入的研究和调查，以了解组织文化、员工的态度和行为、组织与外界的关系等。企业可以通过数据收集和数据分析，了解组织中存在的问题，把握组织变革的机遇。

第二步，企业需要帮助 HR 转变角色和职能。如今，HR 不应只是劳动力计划师、薪资和福利专家，而应成为组织发展的引导者和参与者。HR 应该协助组织内部的各个部门进行战略性合作，帮助各部门设置共同的发展目标。这样，HR 的角色将更加战略化，更加具有说服力和领导力。

第三步，企业应该将 OD 融入 HR 管理中，生成 OD 计划，并与组织内部和外部的其他利益相关者协调。这需要 HR 管理者与部门领导者、员工等建立良好的关系，并与转型顾问和专业人士开展合作，在多方协作下生成有效的 OD 计划。OD 计划应该符合组织发展要求和目标，并且能够促进组织变革。

　　第四步，企业应该为 HR 部门提供 OD 相关培训，培训 OD 专业知识和 OD 岗位所需技能，以提高 HR 部门整体的技能水平。这是一个重要的步骤，因为员工技能水平是组织发展的基石。此外，企业还可以通过为 HR 提供相关福利来鼓励并促进 HR 积极参与培训和学习。

　　将 OD 思维融入 HR 管理中是一项重要任务，需要企业立足于长期发展战略。如果能够将 OD 思维成功地融入 HR 管理中，将为 HR 管理的完善提供更多力量和资源，也为组织发展创造出更广泛的价值。

第2章
核心优势：OD能够实现组织跃迁

相较于传统 HR，OD 能够更有效地推动组织跃迁。OD 能够推动组织进化，发挥组织潜在效能，推进企业变革。OD 拥有的优势使众多企业展现出对 OD 的强烈需求。

2.1　企业展示出对 OD 的强烈需求

随着传统人力资源管理模式的不足逐渐显现出来，企业对组织管理模式的需求也在不断升级和转变。在此背景下，人力资源变革势在必行，而 OD 成为这场变革中的关键力量。

2.1.1　从成本到资本，人力资源的转变势在必行

随着新经济时代的到来，不断变化的外部环境给企业带来了诸多不确定性风险，人才管理成为企业管理的一项难题。这主要体现在两个方面：一方面是人才招聘、培养和选拔的速度难以追赶上企业发展的速度；另一方面是企业现有的人才体系无法支撑企业的业务拓展需求。

现阶段，大多数企业仍然将员工工资、补贴、奖金和福利等支出划分为人力成本。如果不及时跟上时代步伐，提升人力资源价值，企业可能很快就会被竞争对手超越，最终被市场淘汰。因此，企业应转变思维，将人力资源作为企业的重要资本，从人力成本观念向人力资本观念转变。

在成本层面，人力资源部门主要以管理思维开展工作；而在资本层面，人力资源部门会从价值、收益等方面入手，秉持经营思维进行

资源规划。OD 为企业提供了新思路，以促使人力成本向人力资本转变。

首先，OD 强调组织与人之间的互动关系，认为人力资源不再是单独存在的成本，而是和其他资源一样，是一种能够创造收益的资本。这也意味着，在组织发展过程中，企业应将人力资源视为一种具备可塑性的资本，通过训练和培养，提高员工的技能、素质和创新能力，更好地挖掘员工的潜力，使员工为组织创造更多价值。

其次，OD 强调企业要充分挖掘组织内部的资源，并通过组织变革激发组织活力，推动人力资源可持续发展。企业需要建立一种鼓励员工发挥潜力、提高员工工作满意度的积极文化。这种积极文化能够推动组织发展，而组织发展有利于巩固积极文化，由此形成良性循环。

最后，OD 鼓励组织通过改进业务流程、优化组织架构来提高员工工作效率，进而提升组织价值。精细化的流程与规范化的组织架构能够降低人力资源成本，提升人力资源管理效率和效果，进而推进人力资源的资本化，实现组织的可持续发展。

总之，OD 通过塑造组织文化、提高员工素质、优化流程等形式推动人力成本向人力资本转变。因此，企业应借鉴 OD 的组织管理思想，将人力资源视为组织的资本，不断激发组织创造更高的价值。

2.1.2　OD 是推动企业变革的重要力量

企业需要不断调整自身发展战略以适应市场需求变化，保持竞争优势。在多元化的企业变革理论中，OD 既是一种诊断、解决企业内部问题的方法，又是推动企业变革和发展的重要力量。

成功的变革需要企业探究内部不稳定的因素，分析和解决问题，从而推动组织迭代与升级。而在这个过程中，OD 能够为企业贡献关键力量。OD 采用科学的诊断方法和调整方法，切实改变组织内部的文化和价值观。其能够帮助企业制订适合不同发展阶段的战略规划，使企业更好地适应市场供需变化，增强企业的市场竞争力，推动企业实现变革目标。OD 在企业变革与管理中的优势，如图 2-1 所示。

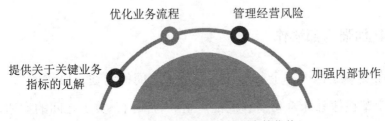

图 2-1　OD 在企业变革与管理中的优势

1. 提供关于关键业务指标的见解

OD 可以为企业提供有关关键业务指标的见解。这些指标可以帮助管理层了解企业在哪些领域做得好、在哪些领域需要改进。例如，销售数据可以展示哪些产品的销售量最高、哪些产品卖得不好，以帮助企业有针对性地制定营销策略。OD 还可以帮助企业发现市场上的新机会和新趋势。例如，OD 可以追踪市场上的热门产品，辅助开发部门开发相应的产品，以吸引更多客户，占据更大的市场份额。

2. 优化业务流程

企业在变革过程中会遇到瓶颈和挑战，而 OD 可以优化业务流程，使企业的变革顺利推进。例如，OD 可以帮助销售部门制定自动化工作流程，让人才展现自身价值，提升销售部门的工作效率，以免把大量时间花费在简单的、重复的工作上。

3. 管理经营风险

OD 可以帮助企业更好地分析、管理企业经营过程中的潜在风险，如市场需求减少、制造流程存在问题等，使得企业可以尽早地采取措施以降低风险。

4. 加强内部协作

在变革过程中，企业与部门、员工之间的沟通、协作尤为重要。但是变革往往意味着动荡和混乱，企业与部门、员工之间的沟通、协作也可能存在问题。而 OD 是企业、部门与员工之间的黏合剂，因为 OD 能获得领导者的支持、提升员工的参与度、发挥组织内部正向文化的导向作用。

OD 在商业竞争中发挥了重要的作用。OD 能够强化企业竞争优势，提升企业经济效益。在变革的过程中，企业需要制定灵活的 OD 战略，只有实现组织与市场的协同发展，企业才能获得更大的竞争优势。

2.2　OD 的优势：推动组织进化

从确立组织战略目标、优化组织架构，再到提升组织价值，OD 的作用不容小觑。在老旧组织已无法支撑企业发展时，OD 在组织的升级和进化中扮演着重要角色。下文从企业成功的三大驱动要素——提升企业组织能力的 3 张地图（战略地图、组织地图、人才地图）入手，分析 OD 的优势。

2.2.1　OD 战略地图：瞄准方向，让组织做正确的事

OD 战略地图旨在帮助组织寻找有价值的机会，引导组织做正确的事。OD 战略地图能够助力企业在面对市场变化和产品迭代时快速做出战略决策。OD 战略地图是组织形成目标共识和制订战略规划的方法论，可以帮助组织瞄准正确的战略方向，以提高组织的协作、运营效率。

OD 的实践需要企业设定清晰的目标，寻找最佳的方式、利用现有的资源和能力来实现这些目标。而 OD 战略地图可以帮助企业更好地了解组织当前的结构和发展状况，从而确定更加清晰的组织发展方向。

要想正确发挥 OD 战略地图的作用，企业可以将决策层、管理层融合，以业务单元为基准将它们分组。然后，企业可以借助 BSA（bulked segregant analysis，集团分离分析法）战略解码工作坊，从行

业战略解析做起，包括战略定位、组织资源能力分析、竞争环境分析、产品和市场分析、SWOT（strengths，优势；weaknesses，劣势；opportunities，机会；threats，威胁）分析等。

其中，战略定位涉及企业的长期发展方向、企业的战略规划、企业的目标体系和企业战略执行等内容。组织资源能力分析涉及组织的认知能力、组织的扩建能力、组织的敏捷性和适应性、组织利用外部资源的能力、组织的资源整合能力等。竞争环境分析主要包括两个部分：一是宏观环境（也称一般环境）分析，是指对影响企业竞争的宏观因素的分析；二是微观环境分析，是指对企业自身形势和产业的分析。产品和市场分析涉及市场规模、市场变化规律、市场占有率、产品需求量、产品销售趋势等。

SWOT 分析是 OD 战略地图的核心工具，涉及对企业内外部环境的评估以及对潜在的机会和威胁的识别，可以帮助企业了解自己的强项和弱项，以及市场上的机会和威胁。根据 SWOT 分析的结果，企业可以确定自己的核心业务领域和愿景，以及需要什么资源实现战略目标。

根据行业战略解析制定战略地图，包括组织长期目标、年度目标、使命愿景、一级部门 KPI（key performance indicator，关键绩效指标）、企业级 KPI 和年度策略行动主题等，并辅助形成企业年度策略行动计划、一级部门负责人的年度目标责任制激励方案等。

企业正确运用 OD 战略地图，不仅可以进一步了解自身发展现状，还可以发现潜在的问题和机会。例如，面对生产力降低或战略规划难以推进的情况，OD 战略地图可以帮助组织识别问题的根本原因。如果员工满意度低，那么企业就有必要进行内部管理调整或工作环境优化；如果组织架构过于僵化，那么企业就需要进行绩效评估和组织架构调整；如果工作流程过于混乱、复杂，那么企业就需要重新规划工作流程以提高生产力。

OD 战略地图还可以帮助企业更好地培养人才，以支撑企业未来的发展。其强调组织内部培训和发展，帮助成员了解其角色和职责，并确保团队成员之间自由交流。这有助于营造开放的组织文化氛围，使组织成员能够相互信任和尊重，以进行良好的沟通和团队协作。

OD 战略地图可以帮助企业在制定组织发展方向时，充分考虑市场需求和自身实力。OD 战略地图强调创新和快速反应，以帮助组织做出更好的决策，并建立有效的反馈机制，采取适应性更强的管理方式，在战略制定方面更敏锐地感知市场变化。

总之，OD 战略地图是一种有效的方法，其对于企业确定正确的发展方向至关重要。OD 战略地图明确战略目标、分析组织问题、制订战略规划，让组织成员能够充分释放自身价值，依据科学的战略做正确的事。

2.2.2　OD 组织地图：优化组织架构，发挥组织效能

OD 秉承以人为本的管理理念，致力于让组织变得更好，为员工创造更好的工作环境。其中，OD 组织地图是 OD 优化组织架构的重要应用。

OD 组织地图是提高运营管理效率、解决组织管控问题的方法论。在 OD 组织地图的实践中，决策层、管理层一般通过研讨会的形式或者团队共创的探讨会的形式，基于内外部环境变化，对企业文化、组织使命、企业发展愿景进行解读，对组织设计中的核心内容（决策机制、高管团队、管控模式、流程优化、组织架构）进行研讨和共创。

企业内部需要就组织编制、年度干部任命达成共识，完成人力资源规划和组织编制预算。

OD 组织地图主要有 3 个目标：一是提升组织核心竞争力；二是达成组织战略目标；三是确保组织能够完成客户价值交付。战略地图需要组织地图的支撑，没有随着决策机制和管控体系演变的组织地图，战略地图可能会成为一种空想。

OD 组织地图能够帮助企业优化组织架构，调整企业的组织模型。企业可以借助 OD 组织地图对企业价值链进行分析，并对组织模型进行评估。企业的价值链涵盖整个产品或服务的生命周期，包括采购、生产、销售和客户服务。通过组织地图对价值链的各个环节进行分析和调整，企业可以提高效率、节省成本、提高产品质量，以确保组织的运作方式是科学的。

OD 组织地图能够帮助企业平衡各个部门之间的资源和工作量。在使用组织地图的过程中，企业需要进行资产调配和工作计划的审查，以确保企业的资源得到充分利用。企业需要确定哪些部门可以通过共享资源降低成本，以平衡各个部门的工作量。这需要各个部门的配合，同时，企业也需要考虑许多因素，包括预算、员工数量、设备、时间等。

OD 组织地图可以帮助企业发挥组织效能。企业应将 OD 实践应用到所有层次的管理中，并将以人为本的管理理念贯穿其中。这意味着企业需要按照员工的特点和行为来制定目标和激励措施，通过这种方式，企业可以激发组织的内部动力，提高组织绩效和士气，使组织更高效地为企业发展服务。

总之，OD 组织地图能够促进组织持续发展，帮助企业重新审视自己的组织模型，识别市场上的机会和威胁，以实现组织运转效率提升和业务结果优化。

2.2.3　OD 人才地图：优中选优，让合适的人做合适的事

OD 人才地图是解决组织梯队建设和人才盘点问题的方法论。OD 人才地图帮助企业开疆拓土、谋篇布局，还帮助企业制订人才发展规划，描绘清晰的人才发展路径。

在 OD 人才地图的实践应用中，企业可以组建两个工作组：一个针对管理人才盘点结果的共识；另一个针对管理人才标准的共创。人才盘点工作组基于对现有管理者和后备管理者的综合评估，召集跨级上级和直线上级共同组成人才委员会，对标人才标准、校准评估结果，对人才发展目标和策略达成共识，以打造后备人才梯队。

管理人才评估和选拔标准往往需要企业先对人才的领导力进行考量，而后综合运用工作任务推演、标杆对比、战略演绎和文化演绎等手段，深入挖掘和塑造优秀人才的底层素质 DNA，并将这些底层素质 DNA 转化为可供管理者评估和选拔的标准。

OD 人才地图有一个重要的原则，即让合适的人做合适的事。在人才管理中，企业应按照员工的能力、兴趣和个性将员工分配到合适的岗位上，以提高员工的工作积极性和工作效率，并提高组织的整体效能和执行力。然而，在人才管理实践中，往往存在一些问题，例如，如何确定员工的性格和能力，如何协调员工的职业发展和组织的人才需求等。

OD 人才地图协调组织人才需求的方法如下所示。

1. 面谈和测试

企业可以通过面谈和测试评估员工的个性、能力和兴趣。这种方

法是比较常规的，可以对员工的职业发展做出准确评估，但也有一定的限制。例如，评估的结果可能会受到领导者的主观意识的影响。

2. 角色责任基础法

角色责任基础法是一家美国企业为解决人才配备问题而推出的一种人才管理方法。该方法考虑到了员工的天赋和特征，将员工和岗位相匹配。角色责任基础法可以帮助企业更好地发掘员工的个性、能力和兴趣，用科学的人才适配方法最大化地满足组织发展的需求。

3. 激励手段

企业可以采用薪酬、福利和培训等手段激发和挖掘员工潜力。这种方法通过给予员工一定的奖励和对员工进行培训，调动员工工作的积极性，提高组织效能和执行力。该方法易于操作，但需要注意员工与岗位的适配性。

总之，OD 人才地图是组织管理的重要方法论，通过采取科学的人才管理方法，协助企业解决人才管理的相关问题。OD 人才地图帮助企业完成对人才的评估、选拔和岗位适配，让合适的员工在合适的岗位做合适的事。

2.3　巨头实践：纷纷将 OD 引入企业

OD 可以诊断组织问题，帮助组织制订变革计划，推动组织变革。如今，OD 成为许多企业首选的组织管理工具，其中包括腾讯、阿里巴巴、京东等巨头企业。这些企业的 OD 实践能够为其他企业提供经验与参考。

2.3.1　腾讯 OD 三件套：管人 + 管体系 + 管组织

腾讯的 OD 实践聚焦 3 件事，分别是管人、管体系、管组织。

1. 管人

在腾讯 OD 体系中，管人的核心目的是让人才脱颖而出。以下是腾讯应用 OD 管人的 5 个要点。

（1）重点关注核心人才。腾讯坚持寻找工业界、学术界的优秀人才，与他们建立连接，并通过校招，从全球范围内引进上千名优秀毕业生。腾讯制定了极为严格的人才筛选标准，人才的录用率仅为3%。

（2）发挥人才流动的积极作用。腾讯的人才轮岗制度规定从员工轮岗"需要经过上级经理同意"更改为"只要岗位接收，不需要经过上级经理同意"。腾讯充分赋予员工自主选择权，让员工自由选择岗位。其中，腾讯微信团队引进的大多数人才都来自腾讯企业内部。

（3）通过测评了解核心人才。腾讯借助各种测评加强对核心人才的了解。腾讯使用大五人格、贝尔宾团队角色、全脑测评和卡特尔16PF 等工具对核心人才进行测评，并针对测评结果给出有针对性的人才发展建议。

（4）承认差异，发挥组合效能。腾讯通过测评分析、发掘员工的特质、优势项、兴趣点，通过团队合作弥补个人短板。例如，实行"班委制"，管理团队由懂技术、擅长运营、擅长管理的几个人组成，他们相互配合，取长补短，共同成长。

（5）采用"教练"技术个性化培育核心员工。腾讯通过系统应用"教练"技术，促使核心人才扬长避短，实现自我发展。

此外，为了实现更加科学的人才管理，腾讯还建立了专业的"帝企鹅"模型来对标优秀人才，包括干部人才"帝企鹅"模型和专业人才"帝企鹅"模型。干部人才"帝企鹅"模型一共有 6 个维度，即开放、激情、正直的心、创造用户价值、好学、培养人才。其中，每个维度都有相对应的人才筛选要素，主要用于干部的考核、发展和选拔。而专业人才"帝企鹅"模型，主要从专业技能、专业知识、专业经验、通用能力、绩效、组织影响力等维度对人才进行评判。

2. 管体系

多变的市场环境需要更扁平、更透明的组织。腾讯重视员工，认为员工发展重于员工评估，给予员工信任和授权。腾讯通过 OD 管理让体系更加有效地发挥作用，主要体现在以下 3 个方面：

（1）组织设计个性化。OD 在组织发展中发挥着重要作用，能够帮助组织制定上下统一的政策和制度。腾讯通过 OD 明确发展方向、构建组织框架，更加广泛地推进各业务部门、各业务单元结合自身实际情况进行个性化组织设计。

（2）发展体系重于评估体系。在以往的人力资源管理模式中，评估体系往往占据着核心位置，直接与绩效、薪酬、晋升挂钩。很多企业将大部分人力资源都耗费在员工评估上，但在腾讯的 OD 管理体系中，相较于评估体系，腾讯更加重视发展体系的建设。

腾讯认为评估面向历史，而发展面向未来，组织和人才的发展才是企业应关注的重点。外部环境快速变化，过往经验不断贬值，过去的成功并不等同于未来的成功。

腾讯轻历史、重未来，致力于寻找员工发展的核心驱动力，为员工个性化定制发展体系，合理配置、推进人才的流动适配，让员工在实践中寻找与自身最适配的岗位，以员工在适配岗位上的工作成就感激励员工不断进步。

（3）新技术代替旧管理。在享受技术发展带来的红利的同时，企业也面临着新技术对旧管理模式的冲击。腾讯很重视新技术的应用，通过大数据中的社交数据快速识别应聘者的兴趣，利用实时反馈系统来代替传统的绩效体系。同时，腾讯通过海量的数据分析，预测员工的行为，并通过生理数据分析、图像识别等技术，识别组织氛围和员工的满意度。

3. 管组织

（1）围绕核心人才设计组织。腾讯组织设计的逻辑是组织分解岗位、以岗择人。未来组织设计的逻辑是以光明的愿景和舒适的环境吸引优秀人才，组织配合人才的发展。

（2）组织更柔性，组织边界更模糊。对信息的有效控制是组织层级存在的基础。在技术不断进步的过程中，信息的传递成本大幅降低，传递效率更高，甚至能够实现实时传递。很多企业的信息传递不再依靠管理者，领导和员工可以直接、实时地线上沟通。腾讯使用在线办公软件淡化层级观念，打破企业各部门之间的"围墙"，组织之间的边界更模糊，组织更柔性。OD 的重要作用之一就是柔化僵硬的组织，为组织注入新的活力。

（3）创造更透明、更共享的组织文化。透明、共享、愉悦的工作环境是吸引人才的重要条件，推动组织更共享、更透明，是 OD 的重要使命之一。透明、共享的组织文化是组织弹性运作的动力，是组织发展的源泉。

以上就是腾讯 OD 三件套的具体内容。正是这三件套助力腾讯实现了对组织更加科学的管理，发挥组织的强大合力，推进企业组织、人才、体系的发展。

2.3.2　阿里巴巴 OD：五项修炼 + "独孤九剑"

阿里巴巴的 OD 管理体系在商业界引发了不少的关注，创造了十分广泛的影响。阿里巴巴 OD 管理体系主要分为两大模块，分别为五项修炼和"独孤九剑"。

1. 五项修炼

修炼一：确保方向一致（提神醒脑）。在业务探索方面，阿里巴巴采用的是目标通晒、战略共创的模式；在业务总结方面，阿里巴巴采用的是集体复盘和项目复盘模式。

修炼二：追求持续发展（健身增肌）。在追求持续发展的层面上，阿里巴巴首先聚焦人才盘点，然后聚焦管理者选拔和管理梯队建设。

修炼三：保障高效有序（通畅经络）。阿里巴巴在组织设计层面始终紧紧围绕战略进行升级和完善，并通过搭建、优化激励体系激发组织活力，以保障组织高效、有序运转。

修炼四：实现文化落地（修炼心法）。阿里巴巴努力完善企业文化，以提升团队凝聚力，推动新型文化加快落地，以适应业务的发展。

修炼五：系统思考问题（望闻问切）。阿里巴巴积极运用组织诊断的利器——"六盒模型"思考问题。"六盒模型"是分析师马文·韦斯伯德研发的一种组织分析模型，是一种简单、实用的组织评估模型和诊断工具，主要包括组织/架构、使命/目标、领导力/管理、关系/流程、激励机制和帮助机制。阿里巴巴致力于对组织问题进行科学诊断，以及时发现问题，采取系统、科学的措施。

2. "独孤九剑"

第一剑：全局思维（望闻问切）。阿里巴巴往往不会单一地站在HR 的视角看问题，而是更倾向于站在经营者的视角和业务的视角看问题。同时，阿里巴巴 OD 更关注个体、团队层面，只有与业务更好地连接起来，OD 才能扮演好业务搭档的角色。

第二剑：战略协同（面向未来）。从面向未来的角度出发，阿里巴巴会通过"通混晒"和共创的方式促进战略协同、落地。

第三剑：团队反思（面向过去）。从面向过去的角度出发，阿里巴巴会通过群体反思和业务复盘的方式进行沉淀和总结。阿里巴巴的复盘具有自身的特色，既看局部，又看整体，复盘更完整。阿里巴巴旨在复盘的过程中明确标准与原则，使团队形成共识。

第四剑：人才盘点（健身增肌）。阿里巴巴每年都会进行人才盘点，主要由 HRBP（human resource business partner，人力资源业务合作伙伴）和各级主管完成，包括人才分析、人才策略、人才发展。

第五剑：干部培养（管理三板斧）。管理三板斧是指理解战略、搭建班子、做导演，是资源整合和协调的多模块组合，包含从战略到执行的转化。

第六剑：激励体系（快马加鞭）。阿里巴巴建立了相对健全的激励体系，包括年终奖金、股权和期权等。

第七剑：组织进化（通畅经络）。阿里巴巴的组织进化主要涉及 4 个维度，分别是流程、人才、结构、文化。流程从冗长、复杂向弹性、灵活进化，人才从劳动密集型向知识共享型进化，结构从金字塔型向网状进化，文化从绩效驱动向使命驱动进化。

第八剑：文化打造（使命驱动）。阿里巴巴竭力从精神层、制度层、行为层、展现层 4 个层面践行组织发展使命，打造组织文化。

第九剑："政委"体系（赋能成长）。在阿里巴巴企业中，"政委"指的是业务能力、管理能力强的区域经理。OD 在"政委"体系中的作用主要体现在阿里巴巴平台给"政委"赋能，进行专业的组织诊断和评估，协助"政委"解决复杂度较高、个性化的业务问题，推动业务发展。

当下，OD 管理模式已经得到了企业的广泛认可，很多企业开始采用这一管理模式。随着 OD 管理模式不断发展和完善，其将成为企业完善组织管理的重要力量。

第3章
能力要求：成为OD实践者

企业要想进一步提升组织管理和发展能力，就需要尽快加入OD应用的浪潮中，成为一名真正的OD实践者。企业要对OD的专业性有明确的认知，培养OD人员，使其能力不断提升，实现能力进阶，从而更好地掌握OD工作循环与涉及的层次。

3.1　OD 的专业性

OD 能够成为广受企业关注的新型组织发展理念，与其具有的广泛价值息息相关。OD 具备组织管理能力，能够在组织发展中扮演不同的角色，以较强的专业性为组织发展提供源源不断的动力。

3.1.1　OD 在组织中的六大角色

OD 在组织中的地位和作用不容小觑，其凭借专业性弥补了企业人力资源管理能力和组织发展能力的缺陷，帮助组织更加灵活、有效地应对不断变化的环境和内外部挑战。OD 在组织中扮演着以下 6 个重要的角色。

1. 布道者

企业要靠文化的力量、使命的感召、愿景的牵引，推动人才和组织不断发展和进步。而 OD 就是组织愿景、价值观、使命的布道者，同时也是企业变革新理念的布道者。

企业是一个存续组织，只有不断进步和成长才能持续发展，变革是推动企业进步和成长的关键因素。而让变革基因永存，就是 OD 的重要使命。作为布道者，OD 不是采用强制的规章制度说服组织成员，而是靠文化和情感打动组织成员。OD 擅长通过一系列感性教育，唤起员工内心的深层意识，使员工认可企业发展规划，并将其与个人发展规划对标。

2. 首席架构师

以 OD 视角审视企业经营管理体系，企业会发现，OD 包含组织、战略、业务、文化、机制、人才和流程等多个方面，是企业发展的系统工程。

同时，OD 具备战略视野，能够深刻理解企业的商业逻辑和业务模式，明确企业应该通过何种组织运行方式、机制、文化推进战略和业务发展。OD 还应具备系统思维，因为企业是一个开放、系统的组织，在不断地动态变化、调整，所以 OD 要善于思考组织主次系统之间如何有效衔接，以更好地推动企业发展。

3. 企业"医生"

OD 是企业的内部专家。其从业务需求出发，在专业方法体系下，以管理的逻辑从经营体系入手分析企业发展过程中存在的问题，并提出解决方案，以提高企业的管理效率和经营效益。

OD 是一位"一精多专"的全科"医生"。首先，OD 对组织发展和人力资源管理有深刻的洞察。其次，OD 对业务、战略、品牌、市场、技术、客服、资本、生产、供应链和财务等方面均有一定的了解。"你哪儿不舒服？想开什么药？恢复得怎么样？"是医生经常提问患者的问题，而这 3 个问题正好对应了 OD 组织诊断、组织变革、组织效能评估的作用。

4. 培训师

作为培训师，OD 需要明确组织的培训需求，为组织成员提供科学、系统的培训。OD 需要设计培训课程，为员工提供指导，确保培训成果有效转化。作为一个培训师，OD 还需要定期评估培训计划和成果。

5. 人力资源专家

作为人力资源专家，OD 需要了解组织的人力资源需求和策略。OD 要设计和实施雇用、离职和晋升策略，确保员工拥有能够完成任务的技能和资源。在这个角色中，OD 还负责监测和分析员工绩效，制定相关的岗位管理政策和流程。

6. 员工助手

作为员工助手，OD 需要在各个方面为员工提供支持和帮助，包括帮助员工了解组织内部的规定和政策、组织员工参与技能培训等。

以上是 OD 在组织中的六大角色，每个角色都有其不可替代性和独特的价值。OD 必须不断学习和成长，以便更好地服务于组织，帮助组织应对日益激烈的市场竞争。

3.1.2　OD 专家关注的 7 个方面

OD 专家采用更加高效的方式管理人力资源和组织发展事务，并在管理的过程中以优化业务流程为目的寻找最优的组织管理模式。OD 专家作为组织发展领域的专业人才，引领企业的组织发展工作，成为企业发展的重要推动力量。相较于 HRBP，OD 专家的视角更加全面，主要关注以下 7 个方面。

1. 文化转型

企业文化是企业发展的基石，而 OD 专家可以引领企业文化转型，挖掘文化价值。OD 专家通过设计和实施具体的文化活动改变企业传统文化、植入新型文化，推动企业文化转型，使企业文化与企业的发展目标和愿景相一致。

2. 组织设计

OD 专家能够根据组织发展情况制订相应的方案，他们对组织的业务、目标和人员构成情况等有清晰的认知，对于各部门、各个岗位的职责有着明确的规划，提升各岗位之间的配合度、各岗位和组织整体目标的协同度，并能够为部门或岗位提供有针对性的发展方案。

3. 变革管理

变革管理是 OD 专家关注的一个重要方面。OD 专家需要管理组织变革，在组织变革的过程中，OD 专家应负责减轻变革给组织和员工带来的压力，帮助员工树立正确的思维，更好地适应新的组织形式，确保组织健康运转，稳定组织秩序。OD 专家具备指导变革的能力，为各部门的变革提供资源支持，尽可能地清除变革中的阻碍，支撑着变革持续进行下去。

4. 战略管理

OD 专家关注更广泛范围内的市场变化趋势和行业动态。OD 专家能够帮助组织制定未来发展路线图，并定时召开战略研讨会，帮助组织制订科学的战略规划，从而确保组织在市场上保持竞争优势。制定战略后，OD 专家还要关注战略的推行情况，如战略是否被认可、是否在组织内部达成共识、是否与企业的整体运作相协调等。如果战略在推行的过程中出现问题，OD 专家要及时分析问题根源并提出解决方案。

5. 组织行为

OD 专家还关注组织行为，了解组织的行为模式，分析组织在不同环境下的行为差异，并将这种差异作为完善组织架构的依据。

6. 领导力和团队合作

OD 专家关注企业管理层的领导力，通过实时反馈帮助管理层提升对组织的认知，使管理层能够更好地了解和领导组织。同时，OD 专家致力于打造领导、团队和个人之间的紧密连接，尽可能地消除其中的隔阂，避免上下级工作衔接出现疏漏，从而最大化地发挥团队合作的作用。

7. 人才管理

OD 专家致力于为每个岗位匹配适配度最高的人才，这就要求 OD 专家能够测评和判断人才的综合素质，懂得如何选择和提拔合适的人才，以及如何使人才实现有价值的流动。在人才管理中，OD 专家十分注重员工在组织中是否接受应有的培训，部门是否采取激励措施提高员工的绩效。

OD 专家关注的 7 个方面是组织发展的要点，OD 专家需要用清晰的思路来稳定组织秩序，提升组织运转效率和价值。

3.2　OD 人员的四大能力

OD 人员需要面对综合性的工作和复杂的环境。OD 人员的工作涉及组织架构建设、战略澄清、人才能力标准管理等，其中任何一项工作做不好都可能牵一发而动全身。因此，OD 人员需要具备强大的工作能力，支撑组织发展。

3.2.1　资源的经营能力

组织发展需要资源的支持，否则将难以取得实质性进展。人力资源是 HR 管理中的重要资源，是应用人的能力和技能实现组织效益提升的一种资源。OD 管理强调组织资源的综合、最优化配置，因此，资源的经营能力对于 OD 人员至关重要。除了人力资源外，OD 人员还需要调配财力资源、物力资源和信息资源。

对于人力资源，OD 人员需要展现出多样化的技能素质和灵活性的适应能力。组织的成功不仅取决于其优秀员工的数量，还取决于其员工的综合素质和适应能力。组织发展需要一支具备全方位知识、技能，并具备高度灵活性和敏捷性思维的员工队伍。因此，OD 人员需要具备人力资源配置的专业性。

对于财力资源，OD 人员需要规划好维持组织长期可持续发展所需的财力。财力资源的经营，要求 OD 人员能够准确地预算和规划组织的项目、工作和财务需求，厘清组织在当前发展目标下的财务投资，确保财力资源配置流程的合理性和效率性。

对于物力资源，OD 人员需要为组织提供所有必备工具、设备和物料。因此，OD 人员需要积极引进先进设备，完善基础设施，以便组织能够最大化地利用物料实现组织发展的目标。同时，OD 人员也需要注重物料的回收和再利用，从而为企业节省资源成本。

对于信息资源，OD 人员需要协助企业分析经营中产生的数据，获取企业经营所需信息。这就要求 OD 人员掌握数据收集、分析的方法，熟练使用数据分析工具和管理系统，积极学习数字化技术和信息技术，确保信息资源持续、高效供给。

总之，资源对于组织发展至关重要。OD 人员需要提升自身资源配置的专业度，以确保资源能够被有效、合理地利用，确保现有资源足够支撑组织健康运转。

3.2.2 协同与协调能力

协同与协调是组织发展的重要因素，也是 OD 人员需要具备的关键能力。OD 人员具备较强的协同与协调能力，能够使组织更好地适应变化的环境，使各个部门、岗位之间相互配合，统一行动，共同实现组织的战略目标。

OD 人员所提供的无论是服务还是技能，其所面对的对象都是复杂多样的。这就要求 OD 人员要深入了解业务的本质，对接企业各类业务，提升各业务在组织层面的协同度与配合度，同时需要思考如何在合作过程中达成共识。

沟通是推动组织发展的重要因素之一，也是决定 OD 人员协同与协调能力高低的关键要素。有效的沟通可以帮助员工加强对变革的理解和支持，使员工的工作目标与组织目标相协调。在组织变革的过程中，OD 人员应该建立明确、清晰的沟通渠道，制定有效的协调和交流策略，不断与员工沟通，以向其传达变革信息。在此过程中，OD 人员需要回答员工可能提出的问题，并能解释新政策、程序和流程。

组织变革的过程中可能会出现员工对变革产生抵触情绪或者员工之间配合度较低的情况。基于此，OD 人员应该掌握一些实用的沟通技巧，以积极的态度了解员工产生抵触情绪的原因，疏导员工的负面情绪，加强员工之间的配合。

除了和员工沟通外，OD 人员还需要加强与企业领导、顾问、业务合作伙伴等人员的沟通。只有通过有效的沟通和协调，才能建立有效的关系，促进变革顺利进行。针对不同的目标受众，OD 人员要善于运用解释和谈判的技巧，对复杂和敏感的问题进行适度的控制和处理。

同时，要想更好地协调组织成员的工作，OD 人员需要具备一定的领导、管理和服务思维，从而更好地向员工传输组织文化，促使员工认可组织愿景和价值观。OD 人员需要在组织中发挥引领作用，为员工指引正确方向，以确保员工和组织的整体发展步调保持一致。

此外，OD 人员应该注重加强团队建设和员工培训，营造良好的合作氛围，建立联合决策机制，提高团队成员的专业技能水平，以确保各个团队能够协调、协同。

3.2.3　专业知识应用能力

OD 工作需要用到大量专业性的知识，对 OD 人员的专业知识应用能力提出了较高的要求。因此，OD 人员一定要具备专业知识应用能力，并将这一能力发挥到极致。发挥专业知识应用能力的要点如下。

1. 熟练运用学科专业知识

学科专业知识是形成专业知识应用能力的基础。OD 岗位的相关学科专业知识主要有人力资源管理、企业战略管理、组织行为学、组织心理学等。只有具备这些相关的学科知识，OD 人员才能够在工作实践中深入分析组织问题的根源。学科专业知识是 OD 岗位的门槛之一，充足的学科专业知识在一定程度上代表着 OD 人员的专业性，同时也能够使 OD 人员在不同的 OD 实践中，更有条理性地帮助不同的个体、团队、组织解决发展中存在的问题。

2. 掌握系统的方法论

OD 是一个以实践为导向的岗位，从业者需要将专业的理论应用于实践中，这就需要 OD 人员掌握系统的方法论。OD 方法论主要包括问题诊断、方案设计、实施和评估等。在 OD 实践中，OD 人员需要对组织中的重要问题进行模块化细分，如划分为人员、组织、技术、市场等多个分析模块。这能够帮助 OD 人员更好地梳理问题，避免混淆不同组织之间的问题。

而后，针对不同模块的问题，OD 人员需要制订不同的方案，并确保方案具有可行性。同时，OD 人员还需要注重知识更新和创新，不断学习和探索新的方法和模型，以提高自身的综合知识应用能力。在实践的过程中，OD 人员要不断地总结和反思，以优化自己的思路和方法。

OD 人员应该不断丰富专业知识储备，提升专业知识应用能力，与他人加强沟通和协作，注重实践和反思，不断提升工作效率和工作价值。这需要 OD 人员不断学习、实践，以进一步提高工作质量，满足组织发展的需求。

强大的专业知识应用能力能够帮助 OD 人员胜任更加复杂、多变的 OD 实践工作，从而更好地满足组织对 OD 人员专业性的需求，提升组织的竞争力。

3.2.4 项目运作能力

OD 人员具备较强的项目运作能力，不仅能够提高项目运作的整体效率，还能够控制项目成本，使项目为组织创造出更广泛的价值。同时，较强的项目运作能力还可以为 OD 人员的职业发展开拓更广阔的空间，使 OD 人员获得更高的职业成就感。

OD 人员需要具备的项目运作能力不仅包括对项目方案、策略的分析和管理能力，还包括对项目实施流程系统、科学、高效的运营能力。因此，OD 人员需要高效地制订项目计划，合理分配资源，定期评估项目进展，并及时发现、解决项目中出现的各种问题。必要时，OD 人员需要动用人脉关系，为项目提供支持，保障项目顺利进行。

同时，创新思维是项目运作的关键。在项目运作过程中，OD 人员需要根据企业发展现状和客观需求，进行创新性的项目方案设计和实施，实现项目优化和升级。OD 人员需要根据组织需求和发展目标，不断学习最新的行业理论知识和实践技巧，并不断提高自己的实践能力，以帮助组织高效解决各种问题。

在开始运作一个项目前，OD 人员应该提前与项目相关人员进行沟通，明确项目的目标和预期结果。同时，OD 人员应该结合组织文化、价值观和发展规律，制订项目计划和实施方法。

OD 人员要善于使用不同的项目运作方法，包括情境诊断、组织设计、员工培训等。使用合适的项目运作方法，可以提升员工和组织的工作效率，可以帮助组织更快地实现项目目标。在项目运作的过程中，OD 人员也需要注意与多个利益相关者（包括高层管理者、员工和其他关键参与者）的信息和行为同步，与他们建立良好的沟通与紧密的合作关系，避免项目出现疏漏，推进项目顺利完成。

总之，OD 人员在项目运作中的角色非常重要。随着 OD 人员的 OD 实践不断丰富，OD 人员的项目运作能力也会不断提高，从而为组织创造更多效益。

3.3　能力进阶：OD 能力培养

OD 人员要有意识地培养自身的 OD 能力，其往往从专业层进阶到商业层，最终形成强大且卓越的 OD 能力。

3.3.1　专业层：夯实专业基础

要想形成稳固的 OD 能力，OD 人员必须先夯实自己的专业基础，不断提升自己的专业知识水平，为后续的组织管理和运作奠定基础。

首先，OD 人员需要掌握广泛的社会科学知识，如心理学、社会学、教育学、经济学、管理学等。OD 人员需要了解这些领域的基本理论和方法，并能够将理论和方法应用到实际工作中。例如，了解如何设计有效的员工反馈系统、如何打造优秀的企业文化、如何激发员工工作积极性等。

OD 人员需要树立学习的意识，保持学习的动力和习惯，不断更新自己的理论知识，以跟上不断发展和创新的时代潮流。例如，OD 人员可以通过参加行业研讨会、参与 OD 管理方面的讲座、阅读 OD 专业书籍或论文、报名 OD 管理知识学习班等方式获取新的知识和技能。除了 OD 领域的专业知识，OD 管理者还应熟悉与企业管理相关的基本知识，包括与企业管理相关的基本概念、原则、方法和流程等，因为企业管理是企业发展的一项重要工作。

其次，OD 人员需要不断地提升自己的专业技能。作为组织发展领域的从业者，OD 人员需要具备各种组织运作技能，包括工作流程设计、项目管理、报告撰写、沟通协调、数据收集和分析等。OD 人员具备了扎实的专业技能，可以更好地理解客户和组织的需求，并能够提供更准确的解决方案。

同时，OD 人员要能够熟练使用组织发展的专业辅助工具，如沙盘模拟、工作坊等。OD 人员应了解不同种类工具的用途和使用技巧，懂得工具的选择方法和适配原则。企业组织发展需要一个完善的管理模式，从管理规划、过程管理到绩效评估，都需要科学、合理的管理模式。OD 人员需要熟悉并掌握这些管理模式，以保证自己的步调与企业的整体发展步调是一致的。

组织发展的基础是准确地评估组织的问题和需求。OD 人员还需要掌握各种评估工具的使用方法，如心理测量学、统计分析、质性研究等方法。OD 人员可以用评估工具分析组织存在的问题，从而制订相应的解决方案。

总之，OD 人员要想提供有效的组织发展服务，就需要掌握扎实的专业知识和技能，并通过不断更新、学习和完善来提高自己的能力，在组织发展领域充分发挥自己的作用。

3.3.2　商业层：提升商业运营和企业治理能力

一名专业的 OD 人员不能局限于理论知识的储备和学习能力的提升。夯实专业基础后，OD 人员就应该基于专业知识提升自己的商业能力，以不断提升自身的综合素质和企业治理能力，为企业的可持续发展提供支持。以下是 OD 人员从专业层进阶到商业层所需要具备的两项重要能力。

1. 商业运营能力

商业运营是指企业在市场经济环境下，通过规划、组织、控制和协调等手段实现企业目标的全过程。OD 人员需要掌握商业运营的核心理念和方法，具体包括以下几个方面。

（1）市场营销能力。OD 人员应该提升自身的市场分析和营销策划能力，根据产品和市场需求，制定有效的营销策略，提高产品的市场占有率。

（2）财务管理能力。OD 人员应该理解财务管理的基本概念并掌握一定的财务管理方法，对企业收入和支出进行有效的控制和管理，制定合理的财务预算，提高企业的效益。

（3）战略规划能力。OD 人员应该主动了解企业核心业务发展情况和市场竞争情况，提出清晰的战略目标和实施计划，促进企业业务向更高水平发展。

2. 企业治理能力

企业治理是指通过制定规章制度和程序，保护企业利益并规范企业行为，以实现有效的管理和决策。OD 人员应该具备企业治理能力，具体包括以下几个方面：

（1）人力资源管理能力。人力资源是企业发展的关键资源之一。OD 人员应该帮助企业建立科学的人力资源管理制度，从而更好地吸引、培养和激励人才，提高员工的士气和创造力。

（2）组织架构建设能力。组织架构是企业管理的基础框架，是组织发展的基础。但是很多企业的组织架构容易陷入僵化、不利于创新的误区。OD 人员应该帮助企业搭建灵活的组织架构，提高管理效率和执行力，避免资源浪费和组织低效运转。

（3）组织文化塑造能力。组织文化是组织的灵魂，是组织发展的基石。OD 人员应能够帮助组织塑造积极向上、开放包容的文化，提高员工的归属感和贡献度，促进组织发展。

（4）领导力培养能力。领导力是企业治理的重要组成部分。OD 人员应能够帮助企业培养具有战略眼光、卓越领导力和团队管理能力的高管，帮助企业在市场竞争中赢得优势。

对于 OD 人员来说，商业运营能力和企业治理能力都是不可或缺的。OD 人员需要全面了解企业的运作方式和市场环境，多方面提升自己的综合能力，为企业的发展添砖加瓦。

3.4　掌握 OD 工作循环与层次

OD 工作虽然较为综合、复杂，但也是有规律可循的。OD 人员需要分清 OD 工作的层次，掌握 OD 工作循环的规律，树立清晰的 OD 工作思维，以更高效地处理并完成 OD 工作。

3.4.1　OD 工作循环：六大流程走完一次循环

在实践中，很多企业的 OD 工作效果差强人意，这很可能是由于其没有掌握 OD 工作循环的规律。OD 人员应按照系统的程序和流程执行 OD 工作，下面将从工作循环的角度出发，探讨 OD 六大工作循环流程是如何促进组织发展的。

OD 的六大工作循环流程，如图 3-1 所示。

图 3-1　OD 的六大工作循环流程

1. 目标设定

目标设定是 OD 工作的起点。OD 人员需要充分了解并理解企业的愿景、使命和目标，并分析企业需要进行哪些变革，从而更好地明确 OD 工作目标，为后续的工作流程提供清晰的方向和指引。

2. 数据收集

数据收集是 OD 工作的核心。在这一阶段，OD 人员需要收集组织架构、员工行为、管理过程、组织文化等方面的数据。通过数据收集，OD 人员能够更准确地了解组织发展情况，为后续的 OD 工作流程提供数据支持。

3. 分析问题

OD 人员需要对收集到的数据进行分析和解读，发现并指出组织中存在的问题和隐患。分析工作需要依靠有关理论、方法、工具进行，常见的分析工具有麦肯锡 7S 模型、收益难易矩阵、战略地图、雷达图、成果树、BSC（balanced score card，平衡计分卡）等，常见的分析方法有 SWOT 分析法、5W2H（Who、Where、When、Why、What、How、How much）分析法、冰山分析法等。系统的分析方法和高效的分析工具能够极大地提升分析结果的科学性和准确性。

4. 实施计划

有了明确的分析结果后，OD 人员就需要制订相应的 OD 计划并实施。OD 计划应当充分考虑组织的实际状况，应具有可行性和可操作性。更为重要的是，OD 人员还需要充分考虑员工的意见和反馈，以提升组织成员执行计划的积极性，确保组织成员的参与度。

5. 评估成果

计划实施一段时间后，OD 人员需要对实施成果进行评估。评估工作需要依据设定的指标和标准进行，以评估计划的有效性和完成情况。同时，评估结果能够为企业制订后续计划提供重要参考。

6. 调整计划

根据评估成果，OD 人员需要和管理层一起对计划进行调整或优化。调整后的计划应当针对性强，且足够灵活，让组织成员能更好地适应，更好地应对外在环境变化，立足企业未来发展。计划调整后，OD 人员需要重新设定新的工作目标，以此循环往复，不断进步。

综上所述，六大工作循环流程涵盖了 OD 工作中的重要环节。OD 人员需要将整个工作过程视为一个螺旋上升的过程，并重视各个环节之间的协调和衔接，以协助企业创建高效的工作流程，实现组织的稳健发展。

3.4.2　OD 工作循环涉及的层次：从小范围到大范围

从整体上来看，OD 工作往往是从小范围到大范围逐步递进的。从小范围到大范围循环有以下 5 个阶段。

第一个阶段是诊断。诊断指的是 OD 人员采集数据和统计信息来确定企业存在的问题或面临的挑战，诊断组织的发展现状。这一阶段需要 OD 人员在执行过程中与企业内部员工进行沟通和协作，了解到底是什么原因导致的这些问题，并制订详细的解决方案。同时，OD 人员也要制订具体的行动计划，确保解决方案的效果和可行性。需要注意的是，快速、有效地解决问题需要员工的积极参与和支持。

第二个阶段是试点。这一阶段旨在验证方案是否确实可以解决企业所面临的问题。试点通常在小范围内进行，OD 人员和管理层应选择最具代表性的部门或团队作为试点，以确保在不影响企业整体运作的同时验证方案的效果和作用。

第三个阶段是扩张。这是在试点成功之后进行的。一旦方案得到了验证并被证明是可行的，就可以使其在全企业范围内实施。在这一阶段，企业应为所有部门和员工提供全面的培训和支持，以确保方案的成功实施。

第四个阶段是融合。随着组织不断发展壮大，OD 的工作循环开始转向大范围。这里的大范围指的是所有与组织发展有关的工作，包括组织战略制定、管理决策制定、经营模式设计、组织文化打造等。这一阶段需要 OD 人员将之前的小范围工作循环与企业的使命和组织目标联系起来，全面而深入地理解组织当前的发展状况和存在的问题，并制订有针对性的计划，推动组织实现长远发展。

第五个阶段是完善。OD 工作需要持续不断地改进和完善。OD 工作是一个循环，以问题为导向，以短期计划为基础，不断优化和改进，使组织能够适应不断变化的环境，并保持其竞争力。因此，每一个循环都对组织发展起到了重要的作用。

综上所述，OD 工作循环实现从小范围到大范围的扩展是一个不断演化和发展的过程。在这个过程中，OD 人员通过小范围的试点和调整，获得一定的工作经验，使 OD 工作逐步扩展到更大范围。每个阶段的反馈和调整，都促使组织不断发展壮大，从而实现 OD 工作的循环和组织的可持续发展。

第4章
OD工具：各类型工具模型大盘点

在OD管理的实践中，OD人员需要借助各种类型的OD工具提升工作效率。不同的工具有着不同的适用场景、应用价值和使用方法，为OD管理提供强大助力。因此，OD人员需要掌握这些工具的使用方法，从而更好地提升OD管理效率和组织发展水平。

4.1　组织战略类工具

战略是为组织指明发展方向、设定组织发展目标、引领组织向前发展的关键。战略影响组织的整体架构，影响组织活动的开展。OD 人员必须确保组织战略具有科学性、合理性，而这就需要借助专业化的组织战略类工具。组织战略类工具主要围绕 BLM 模型和商业模式画布展开论述。

4.1.1　BLM 模型：推动战略复盘迭代

BLM 模型（business leadership model，业务领先模型）是由国际商业机器公司 IBM 和美国哈佛商学院一同推出的战略规划方法论。BLM 模型可以和著名的 SWOT 分析法、五力模型以及波士顿矩阵相提并论，其是与企业战略制定与执行密切相关的工具。BLM 模型从战略意图、市场洞察、业务设计、创新焦点、关键任务、人才等方面协助组织进行规范化的战略制定、调整及执行跟踪。

BLM 模型所倡导的战略制定过程是由业务领导主导的，其是纪律性、结构化且基于事实的协作过程。BLM 模型如图 4-1 所示。

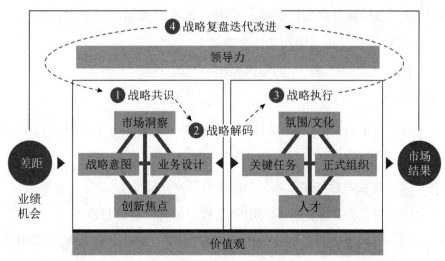

图 4-1　BLM 模型

BLM 模型的基本框架中，核心是战略共识、战略执行两大板块，同时 BLM 模型的运作也离不开战略共识、战略执行之间的战略解码环节，以及战略执行之后的战略复盘迭代改进环节的支持。各环节相互连接，展示了完善的 BLM 模型运作流程。

BLM 模型的最上层是领导力。在组织发展过程中，领导者是否具备清晰的战略方向，能否激励组织成员向高绩效的目标前进，对战略的执行结果有着至关重要的影响。BLM 模型的最底层是价值观。战略制定者需要做出多方面的选择，包括长线和短线、核心和边缘等。这些选择具备多重的判断标准和角度，包括资源投入、风险大小、投资回报率等，而价值观是战略选择的底线。

业绩差距是对实际经营结果和业绩期望值之间差距的量化陈述，并不需要通过改变业务模式来弥补，而是通过高效的战略执行来弥补。机会差距是对现有业务和新的业务之间的经营结果差距的量化评估，其往往需要通过新的业务设计来填补。市场结果指的是战略执行的结果，可能符合预期，也可能不符合预期。如果市场结果不符合预期，就需要通过战略复盘进行总结，并通过下一个 BLM 循环实现改进。

BLM 模型分析差距的具体思路如下。

目标：识别差距产生的根本原因并消除或弥补差距。

步骤：

（1）弄清差距：组织成员是否都理解、同意，并齐心协力地应对差距？

（2）直觉调查：为什么存在差距？弱点在哪里？

（3）对差距存在的根本原因做出每一种有可能的假设。

（4）将通过调查和假设得出的答案分别归类到 BLM 模型的不同模块中。

（5）核对假设的数据和事实，观察是否涵盖了所有模块。

（6）检查模型中各模块的一致性，识别并提取每一模块中存在的最重要的问题，也就是根本原因。

（7）制订具体的行动计划来淡化问题出现的根本原因。

BLM 模型是一个可循环应用的体系，OD 人员需要了解每一模块是否能缩小差距。当所有的关键任务都得到有效执行，但业绩差距仍然存在，OD 人员就需要回到战略开端，从市场洞察开始重新审视。

作为一套完整的战略规划方法论，BLM 模型是从业务问题分析到战略制定和执行路径上的第一把"钥匙"。可以说，组织战略的科学制定离不开 BLM 模型。

4.1.2　商业模式画布：详解商业模式

科学的商业模式是组织战略成功实施的重要保障。商业模式的制订是一个长期、动态的过程，需要经过多方面的考虑和优化。而商业模式画布就是一种能够帮助企业向内向外展开分析和思考的工具，能够帮助企业了解、分析自身的市场、客户、资源、渠道等，从而制订出符合市场需求和企业实际情况的商业模式方案。

商业模式画布（business model canvas）是一种综合性工具，由亚历山大·奥斯特瓦德（Alexander Osterwalder）提出，能够帮助企业向内向外展开思考，对企业的商业模式进行可视化设计。商业模式画布包括 9 个要素，分别为客户细分、价值主张、渠道通路、客户关系、收益来源、成本结构、核心资源、关键活动、重要伙伴。

（1）客户细分。客户细分即企业根据不同的客户需求和行为模式将客户进行分类，以确定产品或服务的关键指标，并制定合适的定价策略。

（2）价值主张。价值主张指的是企业的产品和服务能够给客户带来的价值。

（3）渠道通路。渠道通路指的是企业接触客户、与客户沟通、向客户传递其价值主张的路径和方式。渠道的选择应该根据客户的行为模式、企业的资源和能力、成本和效益进行。

（4）客户关系。客户关系指的是企业如何吸引新客户、留存老客户，及维护客户关系。

（5）收益来源。收益来源指的是企业从各个客户群体中能够获取的收益。

（6）成本结构。成本结构指的是企业运营中产生的成本，以及成本的类型。

（7）核心资源。核心资源是指商业模式有效运转所必须具备的资源，主要包括人才、资金、技术等。

（8）关键活动。关键活动是企业为了促使商业模式有效运转而必须开展的活动，主要包括生产、开发、市场推广等。

（9）重要伙伴。重要伙伴指的是企业与谁合作以及如何开展合作。这里的伙伴往往指的是战略合伙人、供应商等。

总之，商业模式画布是一种能够帮助企业分析、优化其商业模式，并制定相应策略的工具。它可以与 OD 工作结合起来，帮助 OD 人员设计出更加优秀的商业模式，提高企业运营效率和所获得的收益。

4.2　组织诊断类工具

组织诊断就是诊断组织是否健康。组织诊断需要 OD 人员站在第三方立场上，从客观的角度出发对组织进行诊断，帮助组织进行有针对性的改善。对于 OD 人员来说，麦肯锡 7S 模型、六盒模型、组织能力杨三角模型、肯尼芬框架、盖洛普 Q12 测评法等都是能够帮助其做出科学诊断的重要工具。

4.2.1　麦肯锡 7S 模型：组织诊断 7 要素

麦肯锡 7S 模型，简称 7S 模型，是麦肯锡顾问公司设计的组织诊断模型。该模型指出了组织在发展过程中需要考虑的 7 个方面，如图 4-2 所示。

麦肯锡 7S 模型指出了 OD 人员必须综合考虑组织各方面的情况，包括战略（strategy）、结构（structure）、制度（system）、风格（style）、员工（staff）、技能（skill）、共同价值观（shared value）七大要素。麦肯锡 7S 模型的原理是：组织要想健康运作，这七大要素必须协同匹配。

图 4-2　麦肯锡 7S 模型

（1）战略：建立、强化组织竞争优势的整体规划。

（2）结构：企业的组织形式、人员的分工与管理。

（3）制度：业务活动、各项流程以及员工参与工作的方式。

（4）风格：管理者的管理方式。

（5）员工：组织的员工及其综合能力。

（6）技能：组织发展需要员工具备的技能和能力。

（7）共同价值观：贯彻在组织文化和工作中的核心价值观。

麦肯锡 7S 模型是一个发现问题的有效工具，有明确的问题清单和要素矩阵。OD 人员可以运用麦肯锡 7S 模型分析组织的现状和未来希望达到的水平，并发现两者的差距和当前组织存在的问题。

4.2.2　六盒模型：组织视角的全面诊断

六盒模型是由美国知名分析师马文·韦斯伯德推出的一个用于组织运作评估的专业模型。其主要用于组织发展问题诊断，能够帮助 OD 人员以组织内部视角审视业务目标实现过程。六盒模型如图 4-3 所示。

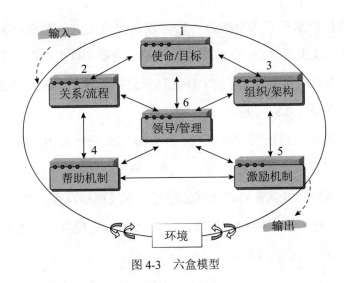

图 4-3　六盒模型

六盒模型中的 6 个盒子代表 6 个维度，OD 人员能够通过这 6 个维度建构系统性思维，全面分析组织发展现状。借助这个模型，OD 人员能够了解组织发生了什么、什么问题是组织当下最需要解决的。OD 人员需要思考以下几个方面的问题。

（1）使命 / 目标：组织是否有清晰的使命或目标？这一使命或目标是否得到了员工的理解和认同？

（2）关系 / 流程：上下游衔接是否顺畅？彼此之间是否能够很好地协同？是否有可以省略的流程？是否有遗漏的内容要添加进去？

（3）组织 / 架构：应如何支撑目标达成？如何设计组织分工？组织架构如何？

（4）帮助机制：支持组织发展的系统是怎么样的？

（5）激励机制：是否所有需要完成的任务都有相应的激励措施？激励措施对于任务的完成是否起到了正向作用？

（6）领导 / 管理：其他 5 个盒子是否处于均衡状态？失衡时要采取什么方法来修正？

六盒模型承担着多重角色。它可以是盘点工具，帮助 OD 人员对组织发展现状进行盘点；可以是诊断工具，帮助 OD 人员更全面地审视组织；可以是沟通工具，帮助 OD 人员就组织发展中存在的问题与管理者、员工进行有效的沟通。

六盒模型应用场景广泛。当 OD 人员进入一个新团队时，可以借助六盒模型对新团队进行摸底，全面了解这个团队；当 OD 人员和关键人物对话时，可以借助六盒模型进行组织发展情况盘点和现状讨论；当 OD 人员进行组织架构调整时，可以借助六盒模型梳理组织发展现状，找到组织调整的目标。

4.2.3　组织能力杨三角模型：三根支柱诊断组织能力

杨国安认为，组织能力需要 3 根支柱支撑，依次为员工能力（会不会做）、员工思维（愿不愿做）和员工治理（是否允许员工做），这就是组织能力杨三角。

1. 员工能力

员工能力是组织能力的第一根支柱，即企业全体员工（包括管理层）需要具备能够提升组织能力，推动企业战略实施的知识、素质和技能。简单来说，即企业员工能不能、会不会做出与组织能力（如服务、创新等）相匹配的行动。在员工能力培养方面，OD 人员需要思考以下几个问题：

（1）要想推动组织发展，企业需要什么样的人才？这些人才需要具备什么特质和能力？

（2）企业目前是否有和组织发展目标相匹配的人才储备？企业储

备的人才与所需人才有差距吗？

（3）如何培养、引进、留存合适的人才？

2. 员工思维

员工思维是组织能力的第二根支柱。员工会做不等于愿意做，所以塑造员工正向的思维模式至关重要。塑造员工思维模式是为了让员工在工作中所关注和所做的事情与组织发展目标相匹配。在员工思维方面，OD 人员需要思考的问题包括：

（1）员工需要具备什么样的思维模式和价值观？

（2）如何培养和落实这些思维模式和价值观？

3. 员工治理

在员工具备了所需能力，并形成了正向的思维模式之后，企业就需要为员工提供有效的资源和支持，以帮助员工充分施展所长，更顺利地贯彻和执行企业战略。在员工治理方面，OD 人员需要考虑以下问题：

（1）如何搭建与企业发展战略相匹配的组织架构？

（2）如何平衡集权与分权来把握商机、整合资源？

（3）企业的关键业务流程是否简洁化、规范化？

（4）如何构建支撑企业战略发展的沟通交流渠道和信息系统？

要想组织基础更加稳固、坚实，员工能力、员工思维和员工治理这三根支柱缺一不可。三根支柱必须实现动态平衡，并与组织能力始终保持一致。

4.2.4　肯尼芬框架：更清晰地看清问题

肯尼芬（cynefin）框架由学者 Dave Snowden 提出，主要应用于组织战略和知识管理领域。肯尼芬框架用于描述系统、环境与问题，说明组织在什么环境下适合采用什么样的解决方案。肯尼芬框架的基本域如图 4-4 所示。

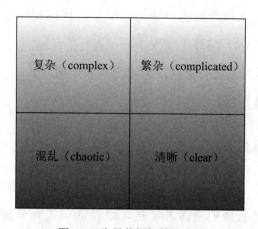

图 4-4　肯尼芬框架的基本域

（1）清晰（clear）。该域中的因果关系很明确，代表着清晰的标准化流程，方法是"sense-categorise-respond"（感知—分类—响应）。在clear 清晰域中，组织按照既定的流程一步一步地执行，能够很快地步入正轨。

（2）繁杂（complicated）。该域中的因果关系模糊，需要组织进行分析，或者需要一些专业知识的应用和其他形式的调查，方法是"sense-analyze-respond"（感知—分析—响应）。

（3）复杂（complex）。该域中的因果关系需要从反馈中感知，方法是"probe-sense-respond"（探索—感知—响应），组织需要在感知和摸索的过程中加强实践。

（4）混乱（chaotic）。该域中没有确切的因果关系，且充满着未知因素，组织需要靠本能做出反应，方法是"act-sense-respond"（行动—感知—响应）。在该域中，组织往往在还未感知到因果关系时就需要采取行动实践。

肯尼芬框架代表着组织成长的方向。当 OD 人员能够清晰地了解组织的现状和问题，思考企业的战略和维度时，就能够进一步明确在不同维度下组织需要具备什么能力。

4.2.5　盖洛普 Q12 测评法：组织氛围诊断

盖洛普 Q12 测评法是美国知名数学家乔治·盖洛普提出的，是一个组织氛围诊断"神器"，能够帮助组织看到更加立体的管理问题。盖洛普 Q12 测评法以组织前导指标中工作环境和员工敬业度为测量对象，通过收集数十家不同行业的上千个部门的数据，分析不同企业的文化和员工态度。

1. 具体内容

经过大量数据分析，乔治·盖洛普就顾客满意度、员工留存、利润和效率这 4 个硬指标总结成 12 个关键问题，简称 Q12，具体内容如下：

（1）我知道公司对我的工作要求吗？

（2）我有准备工作所需要的材料和设备吗？

（3）在工作中，我每天都有机会做我最擅长做的事吗？

（4）在过去的七天里，我因工作出色而受到表扬吗？

（5）我觉得我的主管或同事关心我的个人情况吗？

（6）工作单位有人鼓励我的发展吗？

（7）在工作中，我觉得我的意见受到重视吗？

（8）公司的使命目标使我觉得我的工作重要吗？

（9）我的同事们致力于高质量的工作吗？

（10）我在工作单位有一个最要好的朋友吗？

（11）在过去的六个月内，工作单位有人和我谈及我的进步吗？

（12）过去一年里，我在工作中有机会学习和成长吗？

2. 评测特点

与传统的员工调查相比，盖洛普 Q12 测评除了具备扎实的研究基础和严格的科学检验之外，还具有以下特点：

（1）思路清晰，重点突出，便于操作。

（2）面向基层，全员参与。盖洛普认为，要想使高层意志和决策得到充分贯彻，就需要加强基层管理。盖洛普 Q12 调查以部门、团队为单位评测基层工作环境，其中涉及的问题均在基层员工控制之下，更便于组织进行改进。

（3）与企业业绩挂钩。盖洛普 Q12 问卷虽然简短，但涵盖了企业文化和工作环境等多个重要维度，并能够通过高级统计分析工具（如元分析），与生产效率、客户满意度、员工留存率、安全、利润率等多项企业业绩指标相关联。

（4）具有可比性。盖洛普 Q12 拥有庞大的数据库，能够将部门的评测结果与业内外其他企业的评测结果进行对比、分析。

（5）重在行动。很多传统员工调查之所以没取得理想的效果，往往是因为忽视了行动。而盖洛普 Q12 调查人员在员工调查的基础上，针对各部门和团队的具体情况编制出简单易懂的"盖洛普工作环境质量评测得分表"，并研发出统一教材，对各级管理者进行培训，帮助管理者分析盖洛普 Q12 评测结果，理解盖洛普 Q12 管理理念，从而制订科学的改进方案。

（6）推广先进。相较于传统的员工满意度调查，盖洛普 Q12 能够更好地区分优秀部门和团队，总结其优秀经验并在企业中推广。

（7）便于跟踪。盖洛普建议部门和团队根据自身实际发展情况，定期进行盖洛普 Q12 评测，以持续监测工作环境和员工敬业度，并不断改进。

盖洛普 Q12 测评法的核心思想是优势理论，盖洛普认为，围绕独特优势对个人、企业进行定位是最有效的。盖洛普 Q12 测评法以较高的可实施性成为 OD 组织氛围诊断的常用工具。

4.3 组织设计类

组织设计是一个动态、系统的过程，目的是帮助组织更好地践行发展战略，实现发展目标，提升组织的整体效益。OD 人员可以利用五星模型和七步法等标准化的工具和方法，为组织设计提供强大的、专业化的支持。

4.3.1 五星模型：战略＋结构＋流程＋人员＋报酬

图 4-5　五星模型

五星模型是美国管理专家加尔布雷斯研发的一款高效的组织人才

管理工具，其以组织战略为导向，针对组织不同阶段的发展目标，对组织人才进行全方位管理、分析。该模型可以促进组织中人才的发展，使组织实现可持续发展和高效运行。五星模型如图 4-5 所示。

五星模型展现了 OD 人员在进行组织设计时需要考虑的 5 个方面。OD 人员可以在这 5 个方面发力，以改善员工行为，提升组织绩效。

根据五星模型，OD 人员在进行组织设计时需要考虑下列问题：

（1）战略：组织的愿景包括哪些内容？有哪些长期目标和短期目标？实现愿景的关键是什么？竞争优势在哪里？

（2）结构：怎样划分工作？怎样设计管理层级？

（3）流程：组织中的哪些人需要沟通和协调？需要通过哪些流程和活动来协调、沟通和建立目标？

（4）人员：组织需要的人才应具备哪些能力？如何开发他们的能力？

（5）报酬：需要奖励哪些行为、结果和价值观？使用何种手段进行奖励？

通过对以上 5 个方面的梳理和分析，OD 人员能够了解组织中关键要素的现状，诊断组织问题，并有针对性地通过一系列解决措施调整组织架构、提高组织绩效。

4.3.2　七步法：从瞄准目标到执行

七步法是组织设计需要经历的 7 个重要阶段，从瞄准战略目标到目标执行的过程可划分为以下 7 个步骤。

（1）战略方向：明确愿景、目标、使命、重点。

（2）业务组合：组合企业的业务领域、业务格局和重点客户。

（3）能力建设：了解企业资源现状，包括通过自建、已有、并购、合作等方式获得的资源。

（4）业务领域：关注关键业务领域的经营战略、经营目标、战略路径、市场表现、客户清单、产品规划等。

（5）经营指标：关注财务、人力资源等数据指标，如固定资产、收入、成本、KPI 指标、产品利润等。

（6）战略举措：关键战略路径和重点举措，如重点工作、重点行动计划、重大项目等。

（7）执行考核：跟进执行效果管理，进行月度、季度和年度的回顾、分析和评价等。

以上就是七步法的具体内容。七步法能够为 OD 人员提供系统的组织设计流程，帮助 OD 人员树立简明、清晰的组织设计思维。

4.4　组织变革类

在组织变革的过程中，内外部环境不断变化，组织中诸多要素都在发生变化。在充满不确定性因素的情况下，OD 人员需要更强大的 OD 工具和方法为组织变革提供指导和有力支撑，如 U 型理论模型、引导技术、Burke-Litwin 组织变革模型、科特变革八步法等。

4.4.1　U 型理论模型：突破传统思维定式

U 型理论模型由美国麻省理工学院的奥托·夏默博士提出，其探索了一种革命性的领导方式，关注的方式和关注的对象是创新的关键所在。U 型理论模型致力于帮助领导者和整个组织突破传统思维定式，以获得创造未来的能力，与组织未来发展的最佳可能性建立连接。

U 型理论模型能够帮助组织追赶颠覆性变革浪潮，使组织不再沿袭过去的模式机械地做出反应。U 型理论模型中的 7 个环节，如图 4-6 所示。

（1）下载（downloading）：下载过去的经验是组织进入"U 型"的第一步，这个过程就像下载电脑软件一样，从大脑中下载对组织问题的已有认知。

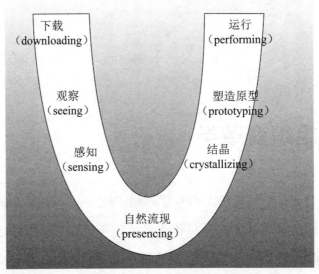

图 4-6 U 型理论模型中的 7 个环节

（2）观察（seeing）：在观察的过程中辩证地接收外部信息，代表着组织开始沿着 U 型下潜。在这个过程中，我们要先搁置自己的习惯性判断，跳出惯性思维局限，从整体层面观察系统，用开放的思维探索世界，用旁观者的视角去发现新的事实。

（3）感知（sensing）：从他人的角度观察并消除组织内部隔阂，让自己的心智继续下潜，直至与系统融为一体。

（4）自然流现（presencing）：到达 U 型底部，内在觉知自觉涌现，逐步开始描绘组织未来。

（5）结晶（crystallizing）：沿着 U 型从底部开始上行，携带本源智慧和与自我良知对话所获得的指引，接纳当下的顿悟向上走，我们会集体洞见关于组织未来的新的使命和愿景。

（6）塑造原型（prototyping）：继续上行，从宏观世界进入微观世界，思考为了让组织愿景实现，我们应该塑造什么样的实践原型，并在良知的指引下，不断试错，生成结果。

（7）运行（performing）：到达 U 型顶部，通过执行新的规则和行动，更新组织系统，在迭代中完成整体进化。

无论是个人、团队还是组织，U 型理论模型都教会我们打开思维，不要用固有经验去看待问题，要在不断深入、开放的探索中找到新的变革力量。

4.4.2　引导技术：提升组织执行力

引导技术是构建学习型组织和提升领导力的重要工具和方法，被广泛应用于组织变革。以下是引导技术在组织中的两个重要的应用。

1. 领导力训练和发展

引导技术致力于引导组织中的领导者将个人能力转变为组织能力。在以知识工作者为主导、个人价值观多元化的组织中，集权或命令式的领导方式难以打造出强大的组织能力。在这种情况下，组织需要一种全新的领导模式。引导技术所倡导的团队引导式领导正是帮助领导者突破"个人英雄主义"瓶颈、凝聚强大组织能力的有力方法，致力于帮助领导者树立集体思维，以提升组织的集体执行力。

2. 激活组织成长动力

引导技术是推动组织成长的秘密武器。引导技术以组织面临的现实问题和挑战为主线，以组织建设者（OD 人员）为主体，引导组织建设者在"问题—分析—总结—行动—新问题—分析"的循环过程中不断实践，使组织建设者在发现问题并解决问题的过程中提升认知水平和技能。

引导技术帮助组织发现问题、寻找解决方法，帮助组织发挥内在潜力和整体力量，提升组织整体的执行效率和执行力。

4.4.3 Burke-Litwin 组织变革模型：输出变革驱动力

Burke-Litwin 组织变革模型是一种因果变革模型，能够清晰地显示变革发生的位置和过程，是指导组织变革的有效工具。

相较于大多数组织设计模型，Burke-Litwin 组织变革模型完整且复杂。它将组织发展中的 12 个因素划分为 5 个层级，分别为外部因素（输入）、战略因素、运营因素、个人因素、输出结果（图 4-7），每组因素都互相牵制、互相影响。

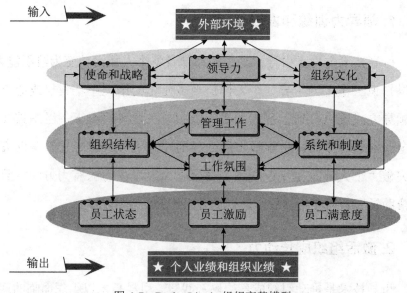

图 4-7 Burke-Litwin 组织变革模型

1. 外部因素（输入）

外部环境是组织变革的重要驱动因素，为组织变革输入动力和活力。

2. 战略因素

战略因素包括组织的发展使命和战略、领导力和组织文化。战略因素影响组织的长期效益和变革的主基调。

3. 运营因素

运营因素包括组织结构、管理工作、工作氛围、系统和制度。运营因素是驱动组织变革的关键因素，经常由 OD 人员负责具体运营事宜。

4. 个人因素

个人因素包括员工状态、员工激励、员工满意度。个人因素直接影响员工的个人能力和价值贡献，进而影响变革的成效和进度。

5. 输出结果

输出结果即员工个人业绩和组织业绩，是组织变革的最终结果。

Burke-Litwin 组织变革模型通过将变革驱动因素分组，明确了组织变革的内容和目标，帮助组织循序渐进地从各个层面进行变革。Burke-Litwin 组织变革模型各组因素之间的相互作用展现了员工个人技能与组织目标、策略之间的密切关系，帮助组织更好地掌握组织发展规律，获得变革驱动力。

4.4.4　科特变革八步法：八步行动深化变革

约翰·科特是世界知名的企业领导与变革领域专家，其推出的科特变革八步法体现了其领导与变革的核心思想。科特变革八步法的具体内容如下。

1. 营造变革的紧迫感

当企业内部对变革有强烈诉求时，变革会更快发生。因此，组织要想推动变革，就要先营造变革的紧迫感。在变革开始之前，组织要公布变革方案，并分析不变革所造成的后果。当组织成员理解变革的原因和目的，并逐渐开始关注并谈论变革时，组织内部便会产生变革的紧迫感。

2. 组建强有力的变革领导团队

成功的变革离不开强有力的领导团队。领导力可能来源于职位本身，也可能来源于领导者专业的能力或丰富的经验。组建变革领导团队能够帮助组织成员更好地围绕变革目标紧密协作。

3. 确定变革愿景

在变革初期，组织可以将变革领导者对于变革目标和意义的想法整合在一起，形成一个企业层面的变革愿景。变革愿景需要简短、清晰、有张力，能够帮助组织成员更好地了解变革的目标和意义，并激励组织成员积极采取行动参与变革，推动变革目标的实现。

4. 传递变革愿景

能否有效传递变革愿景是变革能否成功的关键。组织需要借助各种合适的场景，并采取有效的方法向组织成员传递变革愿景，使之深入组织成员内心。

5. 扫除变革障碍

变革可能会遇到重重阻碍。组织应关注变革过程中存在的或可能存在的障碍，并及时采取行动和措施扫除变革障碍，以使组织成员对变革充满信心，确保变革能够按照计划顺利推进。

6. 创造短期成效

相较于言语鼓励，胜利的果实更能激励人心。组织要尽可能地在变革早期创造一些切实可见的成效，以激励组织成员朝着下一个目标继续奋发前进。

7. 巩固成果并推进变革

很多变革失败是由于过早地宣布变革成功，而变革要想取得真正的成功，则需要实现制度、流程等更深层次的变革。组织需要将变革融入企业文化中，使变革成为企业文化的一部分，以更深刻地进行变革。变革早期的胜利是一个好的开端，想要实现最终的胜利，组织需要巩固早期变革的成果，持续、稳定地推进变革。

8. 创新方法的融入

为了巩固变革的成果，为组织变革注入新鲜血液，使组织跟上市场和行业发展步伐，组织需要引入一些创新方法，以避免变革阻碍创新，从而被市场淘汰。

4.5 组织文化类

组织文化能够将组织成员的思想和行为引导至组织发展的目标路径上，其不仅对组织中个体的精神、思想和行为起导向作用，还对组织整体的价值观和行为起导向作用。下面介绍几款较为实用的组织文化建设工具，帮助 OD 人员掌握组织文化的建设规律和要点，充分发挥组织文化的引导和凝聚作用。

4.5.1 洋葱模型：组织文化相互影响

洋葱模型是由美国知名学者理查德·博亚特兹提出的，该模型由冰山模型演变而来，用以说明构成素质的各要素可被衡量和观察的特点。随着洋葱模型的应用范围越来越广泛，适用于组织文化建设的洋葱模型诞生，如图 4-8 所示。

1. 理念层

理念是组织的灵魂，是组织文化

图 4-8　洋葱模型

的核心和基础，反映了组织的追求和信仰。理念层文化包括企业经营哲学、价值观、道德、精神、作风等内容，一般通过企业愿景、经营宗旨、企业使命等展现出来。

2. 制度层

制度层是理念文字化的表达，是对组织和组织成员行为进行规范和约束的行为准则。制度层文化主要包括企业领导机制、管理制度和组织机构 3 个方面。

企业领导机制是企业领导结构、领导制度和领导方式的总称。管理制度是企业为寻求最大利益，在经营活动制定的各种带有强制性的义务，并能保障一定权利的各项规定或条例，包括生产管理制度、民主管理制度、人事制度、员工行为规范制度等规章制度。组织机构是企业为了有效实现企业目标而筹划建立的企业内部各组成部分及其关系。理念要通过制度表现、贯彻，因此，理念与制度要保持高度一致。

3. 行为层

行为层文化是制度层所规定的内容在组织行为上的体现。企业经营活动中会产生多种行为，包括商业行为、公共关系行为和人际关系行为等。内部经营活动有管理者行为、员工行为和模范人物行为等；外部经营活动有媒体、经销者、金融机构、股东、竞争者等主体的交往行为。

4. 物质层

物质层文化是组织文化在企业内部各种实物载体上的表现。物质层文化是由企业内部的各种设施和产品构成的器物文化。企业生产的产品和提供的服务是企业生产经营的核心成果，是构成物质层文化的首要内容；企业建筑物、生产环境、产品设计、广告、商标、员工服装等是构成物质层文化的重要内容。

4.5.2 奎因模型：组织文化评估工具

奎因模型是由美国组织行为专家奎因提出的竞争性文化价值分析模型。该模型将组织文化指标按照控制授权和内外导向两个维度进行分类，并综合组织的工作方式和工作内容，最终形成 4 个基本的价值模式，分别是目标、规则、支持、创新。奎因模型用于分析以基础价值为导向的文化类型对组织竞争力的影响，是一种比较权威的组织文化评估工具。

奎因模型体现了组织文化在组织的不同发展阶段，呈现出不同的导向。组织文化的发展都遵循着一种螺旋式上升的路径：创新导向—目标导向—规则导向—支持导向—高层次的创新导向。这一路径能够实现组织文化的不断演进，推动组织管理逐渐迈向更高层次。

支持导向和规则导向侧重于内部运营，而目标导向和创新导向侧重于外部发展。组织在进行文化诊断时，不要过分注重组织目标实现的形式，而忽视让客户更加满意和有效地促进企业外部发展的最根本目标。

奎因模型体现出组织所有的工作成效都要与外部发展联系起来，进一步证明了外部发展是衡量组织工作成效的重要标准。

4.5.3 丹尼森组织文化模型：参与性＋一致性＋适应性＋使命

丹尼森组织文化模型是一种组织文化诊断工具，由瑞士洛桑国际管理学院教授丹尼尔·丹尼森提出。丹尼森组织文化模型总结出对组织发展产生重大影响的组织文化的 4 个特征：参与性、一致性、适应性、使命，如图 4-9 所示。

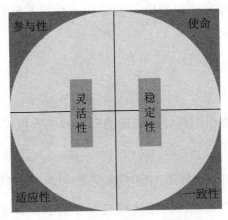

图 4-9　丹尼森组织文化模型

1. 参与性

参与性主要指的是员工的参与度，重在提升员工个人能力，增强员工的责任感和认同感，具体如下：

（1）授权：员工具有管理自己工作的权力和能力。授权是激发员工主人翁意识和责任感的关键。

（2）团队合作：提倡员工通过合作来践行组织发展目标。

（3）提升员工个人能力：组织在提升员工个人能力方面进行长期且持续的投入。

2. 一致性

一致性主要指的是员工对组织核心价值观的认同，强调建设有生命力的组织文化，具体如下：

（1）核心价值观：组织成员对组织发展目标、价值观的认同程度。

（2）一致性：组织成员能够在关键事件上达成一致意见。当组织成员产生不同意见时，有人能够妥协，最终达成一致意见。

（3）合作和配合：组织成员能够为了组织发展的共同目标而展开良好的合作。

3. 适应性

适应性强调将组织对外部环境的需求转变为组织成员行动的动力，具体如下：

（1）创新：组织能够透彻地了解商业环境，并能够快速反应。

（2）关注客户需求：组织能够充分了解客户需求，并及时采取相应对策。

（3）学习型组织：组织将从商业环境中获得的信息转化为激励组织创新和发展的机会和能力。

4. 使命

使命主要指的是组织的愿景及目标，具体如下：

（1）愿景：组织获得成员高度认同，组织未来发展方向明确。

（2）战略发展目标和方向：组织拥有明确的战略定位，能够清晰地表明组织的发展目标，并使每个组织成员朝着目标努力。

（3）具体目标：组织具备清晰、可操作的具体目标，能够反映组织愿景，指导成员的行为和工作。

丹尼森组织文化模型不仅有学术研究价值，而且有很高的应用价值，是组织文化建设的可靠工具。

第5章
组织诊断：评估组织健康状况

组织诊断是 OD 人员进行组织管理的重要环节，包含 3 个维度和五大流程。在进行组织诊断的过程中，OD 人员需要从整体的视角看待组织问题，同时也不能忽视组织中存在或隐藏的细节问题。

5.1　3 个维度：管理 + 业务 + 文化

组织诊断主要包含 3 个维度，分别是管理、业务和文化，3 个维度各代表着组织在不同角度、不同层面上的问题。OD 人员应该学会从不同的维度出发，探寻其中存在或可能引发的组织问题，从而及时制订问题解决方案，提升组织效益。

5.1.1　管理层面：从管理功能出发识别管理问题

从管理功能角度来看，组织管理可以划分为 4 个部分，分别是计划、整理、领导和控制。

1. 计划

OD 人员需要分析管理者和组织成员对组织发展目标是否有清晰的认知。如果目标不明确，就会出现资源配置不合理、生产效率低下的问题。此时，OD 人员需要考虑如何更好地帮助管理者明确组织发展目标，并促使管理者准确地将目标传达给员工，以增强员工的合作意识，推进组织快速发展。

2. 整理

OD 人员需要分析企业内部各个部门的运作方式和协作水平，了解内部沟通是否顺畅，并确保组织能够快速响应市场变化。如果组织内部沟通不畅，就会出现员工不知道如何配合其他部门开展工作的情况，导致组织的整体运营受到影响。此时，OD 人员需要从组织结构和流程中探寻问题，并做出调整，确保各个部门间协调配合。

3. 领导

不同领导风格对于员工动力和积极性有很大的影响。因此，OD 人员需要根据员工的反馈评估领导者的能力和风格，并寻找改善领导风格的方法。同时，OD 人员还需要确保员工的职业发展路径和职业规划清晰，这样才能提高员工的自我激励能力，并提高员工满意度和工作积极性。

4. 控制

管理者需要对运营过程进行监控和调整。OD 人员需要帮助管理者建立一套合理的控制机制，并定期对该机制进行审核和优化。同时，OD 人员也可以通过员工反馈、客户反馈和绩效指标了解组织发展过程中存在的问题，并及时解决问题，以最大限度地保障组织的长期发展。

从管理功能出发识别管理问题能够帮助 OD 人员清晰地了解组织内部运营状况，从而分析、总结、解决问题。需要注意的是，在进行组织诊断的过程中，OD 人员需要尊重组织成员的态度和意见，听取他们的声音和建议，这样才能真正发挥组织诊断的作用，提升组织整体运营水平。

5.1.2 业务层面：全方面分析业务现状

随着企业的发展，各种业务问题也会出现。OD 人员需要通过诊断了解业务现状、业务运作的各个环节以及存在的问题，并找出问题的根本原因，提出有效的解决方案。

首先，OD 人员应该充分了解企业所处的市场环境，了解竞争对手情况，通过市场调研整合各种信息，为业务诊断提供数据基础和依据。

其次，业务诊断并不是 OD 人员的单兵行动，其需要 OD 人员与业务人员紧密协作，以通过倾听业务人员对问题的描述充分了解业务情况，共同商讨并寻找解决方案。在探讨业务问题时，OD 人员不能仅仅停留在业务表面现状，还需要深入分析业务流程，挖掘业务问题根源，寻找切实可行的解决方案。解决方案不能盲目，其需要经过系统的实践验证，否则可能会引发新的问题。

最后，OD 人员可以根据不同的诊断目的，选择合适的方法进行业务诊断，如 SWOT 分析、价值链分析、流程分析等。SWOT 分析，即通过对企业内外部环境、自身优劣势等因素进行分析，评估企业的战略地位以及面临的威胁和机遇。价值链分析即通过对各个业务环节的分析，找出业务发展瓶颈以及各环节之间的关系，评估价值链上各个环节的利润。流程分析即通过对企业业务流程的分析，找出流程中存在的问题，提供可行的优化方案，并评估流程优化的效果。

总之，业务诊断是组织诊断中极其重要的环节。OD 人员只有深入了解业务现状、找到问题症结、明确未来规划，才能为企业业务发展提供正确的方向指引。

5.1.3 文化层面：了解文化氛围及问题

企业文化不仅影响着员工的工作态度和行为，同时也影响着企业形象和品牌价值。因此，OD 人员需要重视对企业文化的诊断。

首先，OD 人员可以通过沟通的形式从员工内部收集信息，以获取员工对企业文化的认知，挖掘企业文化存在的潜在问题，为后续的组织文化诊断和分析奠定基础。需要注意的是，OD 人员需要营造一个轻松、开放的沟通环境，让员工能够更加坦诚、没有顾虑地表达自己对企业文化的认知。

其次，根据所获取的信息，OD 人员需要针对企业文化存在的问题从企业文化理念、企业发展使命、价值观等方面入手展开深入的分析，并从客观的角度将企业文化与同行业企业文化进行对比论证，找出企业文化的优势和不足之处，以及企业文化的优化方法。

最后，OD 人员需要灵活选择合适的技巧和方法评估企业文化，找出改进的方向和方法，帮助企业制订相关的改进计划。

5.2 组织诊断的五大流程

组织诊断主要包含五大流程，分别是选择工具、展开调研、过程追踪、形成报告、设计方案。OD 人员应该遵循组织诊断的五大流程，逐步开展诊断工作。

5.2.1 选择工具：借助工具进行建模

OD 人员进行组织诊断的第一步是选择合适的工具进行问题建模。问题建模是对组织现状和可能存在的问题的体系化总结和归纳，有助于 OD 人员对组织发展情况有更加清晰的认知，为问题追踪和诊断奠定基础。可以辅助 OD 人员更好地进行问题建模的工具有如下三种。

1. KPI

KPI（key performance indicator，关键绩效指标）是衡量企业战略实施效果的关键指标，能够直接反映组织目标实现情况和员工工作结果，帮助 OD 人员了解企业业务现状，及时发现问题并采取相应的行动。

2. 组织成熟度模型

组织成熟度模型主要用于对组织结构、组织流程、组织能力等方面进行评估。组织成熟度模型从内部和外部角度，对企业进行全方位分析，能够帮助 OD 人员建立一个系统的、完善的组织结构图，识别组织的优势和劣势，以及外部的机遇和威胁。

3. 图解工具

图解工具主要包括流程图、因果图、影响图。流程图可以展示组织整体架构，帮助 OD 人员更好地理解组织运营机制，并掌握与问题相关的流程细节。因果图又称鱼骨图，可以帮助 OD 人员推导问题形成的原因，并透过现象看本质，找到问题根源。影响图能够清晰地展现组织中各种因素之间的关系，帮助 OD 人员求解不确定性的问题，设想不同决策的结果。

在组织诊断初期，OD 人员需要选择合适的工具进行问题建模，发现组织内部和外部存在的问题，在制订行动计划时为组织提供依据。

5.2.2 展开调研：明确组织诊断方法

组织调研是一种从业务需求出发，通过调查、分析和研究的方法，旨在识别并解决组织中存在的问题。组织调研重点是从组织成员的角度出发，收集反映问题的数据，从而确定组织问题的性质、原因和影响程度，为制订后续的变革计划提供基础。

OD 人员应该按照以下步骤展开组织调研：

（1）确定调研目标。明确需要解决什么问题，确定调研的目标和方向。

（2）设计调研方案。包括确定调研的对象和范围、选择调研方法和工具等。

（3）实施调研方案。按照调研方案进行调研工作，收集并整理调研数据。

（4）数据分析与结果呈现。对数据进行整理和分析，形成分析结果。

（5）确定诊断指标和建模。依据分析结果确定诊断指标，再通过建模进行进一步分析，最终确定组织存在的问题。

在展开调研之前，OD 人员应掌握一些常用的调研方法，如图 5-1 所示。

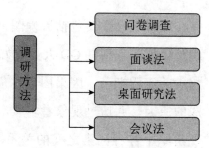

图 5-1　OD 人员常用的调研方法

1. 问卷调查

问卷调查是收集组织成员意见的一种有效方法。问卷要合理，调查对象要广泛，调查结果要科学。在采用问卷调查形式进行调研时，OD 人员要注意将封闭式问题转换为选择题、填空题等形式，便于员工快速理解和回答调研问题。问卷内容可包括员工工作目标、员工对企业文化的理解、员工对工作环境的满意度等。

2. 面谈法

面谈法可以把控调查的深度和广度，挖掘员工的深层次想法。相较于其他调研方式，面谈法能够更加及时地获取信息。在采用面谈形式进行调研时，OD 人员可以通过小组面谈的方式提升调研效率。相较于个人面谈，小组面谈获得的信息更加客观、全面、丰富。

3. 桌面研究法

桌面研究法是指以文献资料和网上信息为基础，对组织的历史、文化、业务、管理等进行调查分析。桌面研究法可以帮助 OD 人员深入了解企业内部、外部环境及其演变过程。

4. 会议法

会议法是以会议的形式收集信息。在会议上，成员可以针对特定问题集思广益，积极讨论并得出结论。相较于其他调研方法，会议法更容易引发组织成员深度思考，可以凝聚更多不同的想法，OD 人员可以获得更加全面、深入的信息。

在以上调研方法中，问卷调查可以与面谈法结合使用，便于 OD 人员更加全面地了解个体和集体的意见。桌面研究法可以在有大量信息素材的基础上，进行既有深度又有广度的分析，使数据来源更加丰富。会议法能够实现员工对问题的充分讨论，有助于 OD 人员引导讨论的走向，把控会议进展。

调研可以为组织诊断工作提供更加客观的参考依据，以得出影响组织问题的主要因素，如人为因素、制度因素等，从而针对不同的调研结果，采用不同的诊断方法。

5.2.3 过程追踪：做好进度与风险管理

OD 人员在进行组织诊断的过程中，要注意内外部环境的变化和工作的协调与优化，做好组织诊断的进度管理和风险管理。

1. 进度管理

在组织诊断的过程中，进度管理至关重要。进度管理的核心是确定阶段性的诊断目标和诊断任务，并在规定的时间内完成这些任务。如果没有进度管理，诊断进度可能会延误，时间成本和资源成本可能会增加，这些都会影响组织诊断的整体效果。

因此，OD 人员在进行组织诊断时，要选择合适的工具和方法，规划好诊断时间，并定期检查诊断进度是否与计划相符。如果出现进度延误的情况，要及时调整。只有做好进度管理，才能保证组织诊断取得良好的效果。

2. 风险管理

组织诊断的过程中存在一些风险，如果不及时进行风险管理，很可能会给组织带来不必要的损失。组织诊断过程中主要的风险要素有组织阻力、数据不准确、诊断工具不合适、诊断结果不符合实际等。

（1）对于组织阻力的风险：OD 人员要与组织成员保持沟通，解决他们的困惑，从而取得他们的信任和支持。合理的引导和沟通能够减少组织阻力对诊断过程的影响。

（2）对于数据不准确的风险：OD 人员要选用科学的数据收集和分析方法，确保数据的准确性和可靠性。如果存在数据缺失或者不准确的情况，OD 人员要及时与组织沟通，寻求替代方案。

（3）对于诊断工具不合适的风险：OD 人员在选择诊断工具时，不能只看到工具的应用优势，还要结合组织的实际情况和需求综合分析。如果 OD 人员发现诊断工具不合适，就要及时更换新工具。

（4）对于诊断结果不符合实际的风险：OD 人员要与组织成员进行全面的沟通和交流，了解实际工作过程中哪一环节出现问题并寻找问题的根源，针对这一点进行重新诊断。同时，OD 人员也要避免后续组织诊断中出现同样的问题。

进度管理和风险管理影响组织诊断的整体效果。OD 人员需要合理地规划和跟踪进度，及时评估风险，以保证诊断顺利进行，为后续问题的解决提供有力的支持和帮助。

5.2.4　形成报告：形成全面的诊断报告

OD 人员需要将组织问题汇总起来，并生成全面的组织诊断报告。全面的组织诊断报告的构成如图 5-2 所示。

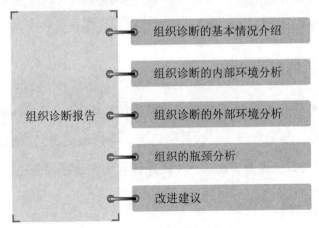

组织诊断报告

- 组织诊断的基本情况介绍
- 组织诊断的内部环境分析
- 组织诊断的外部环境分析
- 组织的瓶颈分析
- 改进建议

图 5-2　组织诊断报告的构成

1. 组织诊断的基本情况介绍

组织诊断报告的开头需要简明扼要地介绍组织诊断的目的、方法、过程和调查人员等基本内容。这些内容能够清晰地反映出组织诊断报告的真实性和可信性，便于组织领导理解诊断报告的结论，并做出理性的判断。

2. 组织诊断的内部环境分析

组织诊断的内部环境分析是诊断报告中需要体现的重要内容。OD 人员需要将企业文化、组织架构、人事政策、各岗位职责、团队合作等内容，以及影响企业内部环境和效益的重要因素的详细分析体现在诊断报告中，并指出问题所在。

3. 组织诊断的外部环境分析

组织诊断的外部环境分析也是诊断报告中需要体现的重要内容。OD 人员可以从行业竞争环境、政策等方面入手剖析外部环境，展现企业面对的机遇和挑战。同时，诊断报告要体现时代、市场变化给企业发展带来的不确定性，并为企业应对不确定性提供建议。

4. 组织的瓶颈分析

在生成全面的诊断报告时，OD 人员需要将组织在发展过程中遇到的瓶颈和问题记录下来，如效率低下、管理混乱、创新能力不足等。同时，OD 人员也需要将瓶颈产生的原因体现在诊断报告中。

5. 改进建议

组织诊断报告还包括改进建议。这需要 OD 人员根据组织的实际发展情况、发展目标、阻力等提出实现组织健康发展的可行性建议。

总之，全面的组织诊断报告需要体现对组织问题的全面分析，同时也需要体现问题产生的根本原因和问题的改进建议。诊断报告要科学、规范，便于组织领导理解和认同，从而更好地发挥诊断的作用。

5.2.5 设计方案：根据组织问题设计改进方案

组织诊断是一个以结果为导向的过程，最终目的是找到改善组织表现的方法。当了解了组织问题的典型表现和原因时，OD人员就需要设计改进方案，以有效解决问题。设计组织改进方案的基本步骤如图 5-3 所示。

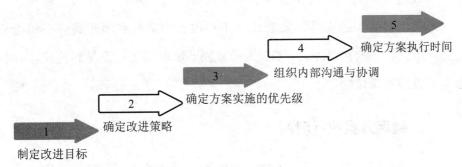

图 5-3 设计组织改进方案的基本步骤

1. 制定改进目标

在明确组织问题的基础上，OD人员需要与组织领导者共同制定改进目标。改进目标既要符合组织发展的需要，又要符合组织员工的利益诉求。同时，改进目标还需要具备可行性和可衡量性。在制定改进目标的过程中，OD人员需要充分发挥自己的专业能力，与组织领导者合作制定出最为合理的目标。

2. 确定改进策略

改进策略的制定需要OD人员综合考虑组织的实际情况和改进目标的要求。改进策略应该具有针对性、可操作性和可实施性。

3. 确定方案实施的优先级

对于不同的改进方案，OD 人员需要根据组织诊断结果，将它们进行优先级排序。一般来说，对组织产生最大价值的方案应最先实施。

4. 组织内部沟通与协调

改进方案的设计与实施需要 OD 人员与员工进行充分的沟通和合作。员工是组织的主体，要想让员工对改进方案的实施充满信心和动力，得到员工的充分配合，OD 人员就需要听取员工的意见和建议，与员工协同完成目标。

5. 确定方案执行时间

正式执行改进方案前，OD 人员要做好详细的计划和时间安排，及时通知相关的组织成员，并对他们进行相关培训。

OD 人员要针对组织问题确定合理的改进目标，提出可行的改进方法和策略。需要注意的是，改进方案并不是一成不变的。在组织发展的过程中，OD 人员需要根据实际情况的变化和方案的实施效果不断调整和优化方案。

5.3 常见问题及解决方案

本节通过列举组织发展过程中 4 个常见的问题及其产生的后果和不同的解决方案,为 OD 人员进行组织诊断提供参考。

5.3.1 职能缺失导致业务流程运转不畅

小陈主要负责某制造企业的 OD 工作,小陈在对各部门进行组织诊断时,发现销售部门存在一个较为严重的问题,即订单常常延期交货。

经过与销售部门经理的沟通,小陈了解到,订单延期交货的原因在于,生产部门无法按计划完成生产任务。随后,小陈又向生产部门经理了解情况,生产部门经理表示,生产任务完不成的原因在于质检部门经常无法及时提供检验结果,并且采购部门有时也无法及时提供原料。

小陈又了解到,针对这些问题,企业高管曾召集各部门经理开会,寻找解决问题的办法,但是每次会议都无疾而终。因为各部门经理都会站在自己的立场上思考问题,提出对自己有利的方案,而这些方案难以得到所有部门经理的认同。即使讨论出了看似可行的解决方案,也总是无法落地。

大多数解决方案只是一个解决思路，在实际执行时包含现状分析、优化方案设计、操作指引编写、流程标准设定、流程运作监控、部门职责调整等多项工作。这些工作需要大量的沟通和协调，并且需要对各部门的权益进行调整，因此需要由一个独立于各部门之外的部门负责。

小陈了解了这一问题后，和部门领导沟通，双方都认为导致这一系列问题出现的根本原因在于缺乏对流程的管理，同时企业也没有相应的部门统一管理各部门之间的协作。总的来说，就是组织职能缺失。

小陈的部门领导向企业高管汇报了问题及解决方案，即成立一个流程管理部门来全面管理部门之间的业务流程，促进各部门之间的沟通和协作。

企业高管采纳了这一建议，随后成立了流程管理部门。流程管理部门在了解各部门业务流程和诉求的基础上，对各部门之间的业务流程进行了梳理和优化。同时，流程管理部门十分注重各部门之间的沟通和协调，通过与各部门的沟通，挖掘、整合各种信息，并协调各部门之间的工作，使其更好地达成目的。经过一段时间的整顿后，销售部门订单延期交货的问题得到了有效的解决。

在上述案例中，小陈了解到企业业务流程流转不畅的根本原因是组织职能缺失，其及时和部门领导沟通，部门领导及时向企业高管汇报问题及解决方案。在此基础上，企业成立了新的部门，弥补了组织职能的缺失，最终实现业务流程运转顺畅。

在进行组织诊断时，如果发现业务流程运转不畅、部门之间的沟通协作存在问题，OD 人员就需要对具体的问题进行诊断，分析是否存在组织职能缺失的情况。只有建立了完善的组织职能，业务流程运转才会更加顺畅。

5.3.2　职能错位导致某部门承担了其他部门的职责

小高是某国际知名贸易企业 OD 团队的领导。在近期工作中，小高发现企业的人力资源部门和业务部门之间存在较为突出的矛盾，已影响到组织效益的提升。为尽快解决这一矛盾，小高带领 OD 团队开展了一次组织诊断。

在诊断过程中，小高发现业务部门和人力资源部门的矛盾主要集中在员工考核方面。根据当前的考核制度，业务部门确定员工考核目标，人力资源负责检查、考核员工的日常工作情况、目标完成情况。在这种情况下，业务部门的主管和经理往往忽视员工的业绩表现。

这种考核制度使业务部门和人力资源部门之间存在很大的矛盾。业务部门认为，人力资源部门的检查太多，阻碍了部门日常工作的开展，认为本部门是在给人力资源部门帮忙。而人力资源部门常常抱怨业务部门不配合工作。在出现问题时，双方总是相互推诿、指责，导致很多问题找不到明确的负责人、问题久拖不决，严重影响了企业的正常运行。

这反映出在绩效管理的过程中，业务部门与人力资源部门在职责分工方面存在错位的问题。绩效考核的目的是实现企业、部门的目标，各部门的考核目标都是由企业目标分解而来的，并且必须经过人力资源部门和业务部门的认可。

绩效考核涉及两种分工：第一种是绩效考核的组织者，即人力资源部门负责绩效考核方针的制定，组织考核并汇总各部门考核情况；第二种是绩效考核的执行者，即业务部门负责考核的记录、统计、评价、改进等工作。

为保证考核公平、公正，人力资源部门可以对业务部门的考核情况进行检查，但不能代替其工作。如果双方的职能错位，工作职责不明，势必会引发种种问题。

小高在了解到组织职能出现错位后，与各部门经理进行协商，制订了相应的解决方案。

首先，解决方案明确了绩效考核体系的整体架构，同时明确了人力资源部门和业务部门在考核各环节中的职责。

其次，解决方案明确了考核遵循"直接上级考核直接下级"的原则，进一步细化了业务部门各管理岗位的职责。同时，为了保证考核公正，人力资源部门会对业务部门的绩效考核工作进行检查。

最后，在绩效目标制定方面，除了要考虑企业整体目标外，人力资源部门也会和业务部门积极沟通，确保在绩效目标制定方面达成共识。

该解决方案得到了业务部门的认可，逐步在各业务部门推行，业务部门和人力资源部门的关系也得到了改善。

职能错位是组织职能中可能存在的一种问题，在职能错位、部门职责不明的情况下，部门之间的矛盾会愈演愈烈。在进行组织诊断时，OD 人员要注意这一问题，并针对这一问题明确相关部门的职责，以推动部门工作有序开展。

5.3.3　职能交叉导致业务割裂

某餐饮服务企业招聘了一批新员工，在新员工入职时，人力资源部门对他们进行了岗位培训，业务部门也对他们进行了相应的业务培训。在经过一段时间培训后，新员工的工作仍然不符合岗位标准。

在领导询问原因时，人力资源部门和业务部门互相推卸责任，都声称是对方的培训不到位，而不反思本部门在员工培训中存在的问题。为了尽快解决这一问题，企业领导让 OD 人员进行组织诊断。进行组织诊断后，OD 人员发现人力资源部门和业务部门存在职能交叉的情况。

很多企业都存在职能交叉的问题，在业务关联性较强的部门之间，更容易出现职能交叉。在出现问题时，相关部门往往会相互推诿，推卸责任。

在进行组织诊断时，OD 人员要加强重视职能交叉问题，一旦发现部门之间存在职能交叉的问题，就要有针对性地进行解决。

首先，针对职能交叉的部门，OD 人员需要对相关部门的职责进行明确和调整，对于协作密切的部门，更要细化并明确其具体职责。其次，只明确部门职责是不够的，还需要 HRBP 构建部门协调机制，保证部门间信息畅通。

职能交叉在管理上具有客观性，反映了不同部门的行政管理之间、职能部门管理与业务部门管理之间无法割断的联系。OD 人员需要围绕部门职责交叉的问题，坚持一项任务由一个部门负责的原则，明确任务的负责部门，分清部门之间主办和协办的关系，建立部门协调机制，形成工作合力。

5.3.4　职能弱化导致部门能力不足

职能弱化是指某些职能部门的能力不足以支撑组织业务的运行。常见的现象是业务部门的工作量十分饱和，且员工经常加班，而职能部门员工的工作十分轻松，几乎每天都是提早完成。如果企业部门之间存在这种反差，就很可能存在职能弱化的问题。

职能弱化的原因，如图 5-4 所示。

图 5-4　职能弱化的原因

1. 高层管理问题

在很多企业中，高层身兼多职的问题十分突出。为了加强对部门的控制，高层往往会分管某一项具体业务，或者兼任部门经理。在这种情况下，如果高层因为利益出发点不同而给职能部门发出了不同的指示，职能部门就难以做出抉择，并将决策权交给高层，导致部门职能弱化。

2. 员工素质较低

一些企业对职能部门的规划和管理缺乏正确认知，没有重视职能部门的作用和价值，职能部门的用人门槛较低，导致其员工素质不高，能力不足。员工素质较低容易导致职能部门臃肿、冗员。庞大的职能部门会增加组织运营成本，加大业务部门的运营压力，也会阻碍管理信息的传递，降低组织运行效率。

3. 缺乏明确的考核指标

职能部门的业务目标难以量化，往往缺乏明确的考核指标，因此很难对其工作结果进行准确评价。如果企业对职能部门的绩效管理流于形式，无法向职能部门传递压力，那么职能部门也会缺少自我提升的动力。在这种情况下，职能部门的工作质量难以保证，导致部门职能弱化。

企业高层的行事风格也会导致职能弱化。例如，一些企业高层做事喜欢亲力亲为，常常越过职能部门直接管理业务部门，长此以往，职能部门的存在感会越来越低。

在进行组织诊断时，OD 人员要对各个部门的职责进行分析，明确其在日常工作中是否充分履行自身的职责。如果发现某部门存在职能弱化的现象，就要分析职能弱化的原因，并提出有针对性的措施。一般而言，OD 人员可以从以下几个角度解决职能弱化的问题。

首先，在战略上，OD 人员要确定职能管理的功能性。不同的组织战略对职能管理有不同的要求，OD 人员需要分析企业经营战略，从中提炼职能管理需要具备的功能。同时，OD 人员需要根据具体功能，梳理职能部门和业务部门之间的关系，明确职能部门的职责，从而提升企业管理水平。

其次，OD 人员要保证职能管理的有效性。OD 人员要提高职能部门的进入门槛，对员工的专业化水平有严格的要求，保证职能管理的有效性。同时，OD 人员要促进职能部门与业务部门的沟通，强化其对业务部门的服务意识，最终建立起有利于业务部门顺畅运行的保障机制。

最后，在考核激励方面，OD 人员要制定行之有效的考核制度，提升职能部门职能管理的积极性。职能部门的工作难以量化，针对这一问题，OD 人员可以推行过程考核机制，即考核员工的工作职责和任务完成情况。为此，OD 人员要细化考核要素，收集、整理、分析职能部门的绩效信息，制定完善的考核奖惩制度，避免考核流于形式。

第6章
组织设计："排兵布阵"
发挥组织效能

在组织发展领域，组织设计是一个极为重要的概念。组织设计的目的是确保一个组织能够有效地实现其目标，并在不同的环境中"排兵布阵"，适应环境变化，发挥出组织的最大效能。因此，组织设计影响着组织实现目标的能力，在组织发展中是极为重要的环节。

6.1 组织设计的原则

组织设计对于 OD 工作来说至关重要,组织设计需要坚持科学的原则,包括战略导向原则、权责均衡原则等。OD 人员在进行组织设计时,要注意搭建能够促进组织进步、维护组织高效运转的组织架构。

6.1.1 战略导向原则:以企业战略为指导

组织设计旨在帮助企业实现长期的战略目标。组织设计通过调整企业内部的组织结构及业务流程,将企业划分为不同的部门、职能和工作组,以实现高效的业务运作、优化资源配置、提高生产力等目的。

组织设计要以企业战略为指导。这是因为组织设计的目的是更好地支持和服务于企业的战略目标,只有将组织设计和企业战略紧密相连,才能真正实现有效运作,为企业的未来发展提供有力支持。在组织设计方面,OD 人员应该根据企业的战略目标和市场定位,进行合理的组织结构设计和资源配置,以提高竞争力,实现企业的可持续发展。

同时,组织设计应当考虑企业的核心竞争优势和职能分配,以确保企业高效运转。如果组织结构不清晰,资源配置不合理,就很容易导致企业内部的冲突和摩擦,使得企业运营效率下降,对企业的长远发展产生不利影响。

此外，组织设计要以部门协同为导向。也就是说，OD 人员在设计组织架构时，应该对不同部门之间的沟通、合作和协调加强重视。有效的协同能够增强企业内部的协作能力，从而最大化地利用企业内部资源，促进各部门的协同和创新，使企业的整体效益得到提高。

总之，只有将组织设计与企业战略紧密结合起来，才能确保组织设计的科学性和合理性，从而使企业的业务高效运作，提高企业的生产力和竞争力。

6.1.2　权责均衡原则：组织设计权责对等

权力是组织中重要的资源之一。在组织设计的过程中，权责均衡是一个至关重要的原则。管理者需要保证权力的分配是公正的，同时也需要维持权力的平衡。权责均衡是指组织中的每位员工都应该获得相应的权力，并承担相应的责任。

在组织设计中，权责均衡可以为组织的平稳运转提供一定的保障。权责均衡将组织与环境相联系，使员工充分施展技能、履行义务。同时，员工也能够感受到被重视，进而提升组织的整体效益。

OD 人员在进行组织中的权责设计时应注意以下几点。

（1）OD 人员要清晰地定义和划分各级领导的职责和权力。各级领导应该充分了解他们的职责和权力，以专注于自己的工作，更好地发挥统领全局、协调各方的作用。

（2）在分配工作时，OD 人员要平衡员工的职能和能力。OD 人员要让员工能够充分施展他们的能力，并将其与组织发展任务相匹配，以提升组织合力。

（3）OD 人员要肯定员工的参与和贡献。这将有助于员工在组织中感受到自己的价值，以增强自身的责任感，进而更加积极、主动地履行职责。

（4）OD 人员要将员工的培训和发展纳入组织发展计划中，以促使员工对自己的未来发展充满信心，充分施展技能，发挥能力。

权责均衡原则应在组织设计的方方面面得到应用，包括人才招聘、员工培训等方面。在选聘人才时，OD 人员需要考虑员工的能力水平是否与岗位要求相匹配。在员工培训方面，OD 人员要权衡培训的投入与回报。

总的来说，权责均衡是组织设计的重要原则。想要真正实现权责均衡，需要管理者的正确领导和员工的积极参与。在实践中，OD 人员应该为组织制定明确的权责对等的发展策略，以确保组织成员更好地理解并遵守权责均衡原则。

6.1.3 考虑组织的成长性，动态设计组织架构

组织具有成长性，组织设计的目的之一是促使组织更好地成长。一个充满活力和成长潜力的组织更容易从市场竞争中脱颖而出，OD 人员在进行组织设计时需要考虑组织要随着企业的成长而同步成长，在组织设计初期就需要考虑组织成长的可能性，从而为组织预留足够的成长空间。OD 人员从组织成长性的角度出发动态设计组织架构时应注意以下几个要点。

1. 具备长远的目光

组织架构设计应该关注组织的长远发展。在进行组织架构设计时，

OD 人员不应该只关注眼前的利益和短期的成果，而要有远见卓识，考虑组织的未来发展。例如，组织架构设计需要考虑企业的战略定位、未来的扩张方向等。这些都是对组织未来发展的规划，也是对组织成长性的考虑。因此，OD 人员在进行组织架构设计时要具备长远的目光。

2. 关注员工的成长

组织是由员工组成的，员工的成长是组织成长的基础。组织可以通过开展员工培训、制订员工发展计划等方式关注员工的成长，让员工能够不断地提升自己的技能，丰富自己的知识储备，为组织的发展做出更大的贡献。

3. 科学管理人才

组织的成长需要优秀人才的支持，因此需要有科学、合理的人才管理方法来促进组织成长。组织可以通过差异化的薪酬体系、正向激励措施等方式留住优秀人才，从而保证组织的知识储备和技能水平。

4. 提升组织的适应能力

组织架构设计应该注重提升组织的适应能力。当今社会日新月异，市场和技术都在不断发展，只有适应市场变化，组织才能生存下去。为此，组织架构设计需要注重提升组织的适应能力和学习能力。比如，鼓励员工注重自我学习和业务提升、建立灵活机动的岗位体系和内部流转机制等。这些设计可以提升组织的适应能力和竞争力，从而推动组织成长。

组织成长性是组织架构设计需要重点关注的问题。组织具备充足的成长空间，才能快速适应大环境，充满生机，才能不断进步。

6.1.4　考虑组织的运转效率，设计扁平化组织

扁平化组织是现代企业中一种新型组织形式。扁平化组织具备很多优势，已经有很多应用此组织形式的成功的案例，如苹果、微软、谷歌等知名企业。目前，扁平化组织已经受到越来越多企业的关注。

扁平化组织以提高组织运转效率为目标，借助信息化技术，以最少的管理层级和最快的反应速度实现企业的高效运作。扁平化组织的主要特点：

（1）去除组织中的中间层级，实现组织层级的扁平化；

（2）抛弃复杂的管理结构，简化组织架构，清晰分配工作任务和权限；

（3）强调个人责任和团队精神，减少管理和控制；

（4）加强信息的共享和流通，尽量打破信息孤岛，提高决策的透明度；

（5）全体员工形成对组织文化的共识，组织对员工进行全面的培训，与员工进行深入交流和沟通，形成良好的文化氛围。

扁平化组织的设计过程如下。

1. 梳理流程

扁平化组织通常具备简单、清晰的运营流程。在设计的过程中，OD 人员可以先梳理企业的业务发展情况和现存组织流程，明确必须有的流程，减少不必要的流程，以简化流程，减少制度的约束。

2. 纵向整合

扁平化组织是基于小团队细化而来的。骨干人员是各个小团队中

的核心人员，OD 人员可以针对不同的目标与任务，从各个小团队中选拔出能力水平更高的成员，以打造一个更加专业化、更加高效的团队。

3. 横向沟通

为了避免组织内部员工过度竞争，OD 人员在设计扁平化组织时应关注组织间的横向沟通。由于扁平化组织规模较小，组织成员的工作也更加聚焦，因此无障碍的沟通形式成为组织中各团队之间紧密、高效协作的关键。

针对当前竞争日益激烈的商业环境，OD 人员需要通过扁平化组织提高组织的灵活性和敏捷性。扁平化组织不仅能够降低组织管理成本和人力成本，还能够提高组织创造力和生命力，使组织稳定发展。

6.2 组织设计的核心内容

在进行组织设计之前，OD 人员需要明确组织发展目标、选择合适的组织架构类型，并进行科学的定岗、定责、定编。只有做好组织设计的这些核心工作，组织才能高效运转，创造更高的价值。

6.2.1 明确组织发展的目标

为了给组织发展提供明确的方向指引，OD 人员需要明确组织发展的目标。明确的组织发展目标具有凝聚与整合、规范与导向的强大功能，从而使组织能力能够充分发挥出来。

首先，当外部环境发生变化时，组织的内部结构和流程也需要相应地调整，这就需要 OD 人员制定明确的组织目标来指导组织优化和重构。明确目标可以帮助组织更好地应对外部环境的变化，使其在市场竞争中具备更强的竞争力。

其次，明确目标可以促进组织内部各部门之间的协作，提高组织的工作效率。在组织设计的过程中，OD 人员要根据组织特点，确定各个部门的职责，促进各个部门之间的协作、沟通和协同，从而提高组织的整体工作效率。

再次，明确目标可以帮助员工更好地理解组织的发展方向、目标和使命感，提高员工的工作积极性和忠诚度。当 OD 人员明确了组织的目标和任务之后，员工就可以更加专注地为实现组织目标而努力，同时也能够更加深刻地理解组织的愿景和战略，员工会获得归属感，对组织的忠诚度也会提高。

最后，有了明确的组织发展目标，组织的未来发展就有了清晰的规划和发展路径。组织发展需要大量的资源，清晰的组织发展目标可以最大限度地减少资源浪费，降低组织运营成本。明确目标可以为组织的长期规划提供有效的指导，帮助组织充分利用资源取得更好的绩效和成果。

组织设计是一个动态的过程，OD 人员需要使组织发展与外部环境和内部需求相协调，制定明确的组织发展目标是组织顺畅、高效、稳定运转的重要保证。

6.2.2 选择合适的组织架构类型

组织架构是由不同职能和部门所构成的组织体系，是实现组织内协调合作和资源优化配置的重要手段。有效的组织架构设计可以提高企业运营效率和竞争力，促进企业的长期发展。

在选择组织架构类型时，OD 人员可以通过收集和分析组织数据，了解组织的现状和未来发展方向，为组织架构设计提供依据和支持。同时，OD 人员还需要明确不同部门的职责以及职能划分，促进各部门高效沟通、协作。组织架构类型的选择应该基于组织发展目标、文化、特点、所处行业等方面的考量。常见的组织架构类型有以下几种。

1. 功能型组织架构

功能型组织架构是将组织按照不同的职能划分为不同的部门或部门群组，如市场部、生产部和财务部等。

2. 分支机构型组织架构

分支机构型组织架构是指组织在不同的地区或国家设立分支机构，每个分支机构都有独立的管理团队和运营团队。

3. 矩阵型组织架构

矩阵型组织架构是将按照职能划分的部门组成一个矩阵，使员工既能和原部门保持联系，又可以参与新的产品或项目小组。矩阵型组织架构能够实现跨部门协作和共同决策，有助于形成组织合力。

4. 聚焦型组织架构

聚焦型组织架构是指组织聚焦于提升核心能力和核心竞争力，通过提升组织的专业化水平和进行资源整合来提高运营效率和效益。

在选择合适的组织架构类型时，OD 人员应该考虑组织的性质、文化、目标和所处行业等方面的因素，同时应遵循有效性和效率最大化的原则。在现代企业的组织架构设计中，选择合适的组织架构类型是一个复杂的过程。OD 人员需要通过分析和评估组织的特点和发展方向，从多方面进行综合考量，以确保组织可持续性发展。

6.2.3　聚焦八大发力点，优化组织设计

笔者曾在一家大型跨国企业负责企业并购后的人员重组工作。在

这项工作中，组织架构调整是最为敏感、关键的一个问题，这个问题稍有偏差，就可能严重危害组织秩序、影响组织正常运转。因此，OD 人员需要不断修炼内功，以在关键时刻应对自如。

组织架构调整通常可以从内因和外因来分析。当组织业务发展进入新阶段，生成了新的组织发展战略，就需要通过优化组织运转流程来提高效率，此为内因；当市场竞争环境、客户需求发生变化、政策法规调整，组织架构就需要同步更新，此为外因。

阿里巴巴原董事长张勇认为，任何商业设计模式创新，都必须进行自上而下的组织设计。因此，OD 人员需要深度参与组织架构调整前的业务梳理与思考，从而更加快速地让组织架构调整落地生根，展现成效。笔者基于自身的组织设计经验总结出组织设计的八大发力点。

1. 理解业务

OD 人员要懂业务、了解业务，而业务架构调整，就是 OD 人员深入了解业务的机会。业务架构调整是为了给业务提供支撑，在和业务人员探讨业务架构调整原因的过程中，OD 人员会更加深入地了解业务发展趋势和下一阶段业务发展的重点和方向。

例如，阿里巴巴某一次组织架构调整的主要目的是强化阿里云的战略意义。只有明确了业务发展重点，OD 人员与业务人员的沟通才更高效。

2. 知人善用

组织架构调整的关键就是将合适的人与合适的岗位匹配。这项工作需要数据的支撑，没有数据，OD 人员难以做出决策。OD 人员需要掌握的数据有组织中优秀人才能力长短板、行事风格、经验、技能水平等。OD 人员需要充分激发优秀人才的潜能，补齐团队能力短板。

3. 洞察根本

OD 人员要想在组织设计时洞察问题的根源，就需要从源头梳理业务价值创造的过程。业务流程越顺畅，部门之间的协作效率也就越高。如果 OD 人员能够洞察组织协作过程中的阻碍因素，发现部门间存在的业务交叉、业务衔接不畅等问题，为业务部门提供更深层次的指引，就能够减少部门间的灰色地带。这不仅能够大幅提高组织运转效率，也加强了部门之间的信任，从而提升了整个组织的凝聚力和协同力。

4. 划分职责

在基于业务流搭建出基本构架之后，OD 人员需要划分岗位职责，明确核心岗位的管理半径，完善组织各层级的权责边界。同时，OD 人员还需要强化组织中的关键职能，梳理好各层级汇报链条和各职能之间的横向协作关系，做好各层级的纵向功能定位和职能定位。OD 人员需要深度参与这些工作，从而在后续工作中更好地为业务部门提供支持。

5. 保障机制

推动业务战略落地是组织架构调整的目标之一。然而，仅仅依靠架构的调整不足以将战略转化为成果，而这就需要有一些机制作为组织发展的保障，如管理委员会、定期会议等沟通机制，部门之间的职责、权力和利益分配机制等。

6. 柔性组织

OD 人员需要为组织设计增添柔性因素，如增设知识共享小组、虚拟团队等，加强组织内部的沟通与协作。OD 人员还可以通过特殊任务小组的形式对组织进行软性干预，从而打破硬性组织架构设计的局限性。

7. 使命、愿景

OD 人员是组织愿景、价值观、使命的传播者与提炼者。组织架构的调整往往代表着新的组织发展战略的"出炉"，OD 人员将组织架构与组织的使命、愿景联系起来，让员工对自己的工作价值有更加清晰的认知。

8. 引领变革

新的组织架构很可能会引发组织成员的不满和抵触情绪。这种现象主要源自组织成员因舒适圈被打破而产生的焦虑和不安全感。而这正是需要 OD 人员发挥共情能力、理解能力和协调能力的重要阶段，OD 人员应该通过倾听和沟通等方式疏导员工的抵触情绪。

以上 8 个发力点涵盖了组织架构设计从调整到公布的过程，分析了 OD 人员可能会遇到的挑战。OD 人员应充分参与其中，理解业务逻辑，考量组织的发展战略和组织的长远发展，从而让组织架构迅速落地生花，推动组织变革更加顺利地开展。

6.2.4 定岗、定责、定编

OD 人员需要根据组织发展的需求和目标，设计出最合适的组织架构和人员安排方案。其中，定岗、定责、定编是组织设计的重点，也是 OD 人员需要考虑的关键问题。下面将围绕定岗、定责、定编展开探讨。

1. 定岗

定岗是关键的一步，直接影响着员工的工作效率和工作质量。在定岗的过程中，OD 人员需要考虑以下问题：

（1）确定岗位职责和工作内容。OD 人员需要和组织内部各个部门的员工进行沟通，了解各个部门的具体工作内容和需求。OD 人员应确定每个岗位的具体工作职责和工作内容，以确保员工的工作任务明确、清晰，避免出现无所适从、工作重叠等问题。

（2）考虑协作关系。很多岗位的职责相互关联，因此，OD 人员需要考虑岗位之间的协作关系，确保各个岗位之间的协作无障碍。OD 人员需要了解各个岗位之间的关系，整合各个岗位的协作要求，以确保组织高效运转。

2. 定责

定责是非常重要的一步，影响员工的工作效率和组织的稳定性。在定责的过程中，OD 人员需要注意以下方面：

（1）明确职责范围。OD 人员需要根据员工的岗位和工作内容，明确他们的职责范围。不同员工的职责范围不同，因此，OD 人员需要根据具体情况进行差异化处理。

（2）确保职责分工合理。在确定员工的职责范围时，OD 人员需要综合考虑员工的实际能力和工作需求，确保职责分工的合理性。同时，OD 人员还需要考虑组织发展的需求，及时调整和优化员工的职责分工。

3. 定编

在定编的过程中，OD 人员需要注意以下问题：

（1）根据工作职责和工作内容确定员工数量。不同的部门和岗位需要的员工数量不同。因此，OD 人员需要根据工作职责和工作内容，综合考虑员工数量。同时，OD 人员需要考虑组织未来发展的需求，确保员工的数量和结构符合需求。

（2）统筹考虑员工的技能和能力。在确定员工数量和结构时，OD人员还需要统筹考虑员工的技能和能力。不同的工作需要员工具备不同的技能和能力，因此，OD 人员需要在定编的过程中，根据员工的能力和成长需求，为员工提供职业发展机会和培训机会，以提升员工的职业能力，挖掘员工的最大价值。

在定岗、定责、定编这 3 个方面，OD 人员的作用非常重要。OD人员需要充分发挥自身的专业能力，为组织设计提供指导性建议，以促进组织健康发展。

6.2.5　案例分析：中台带来的管理挑战

中台是一种基于技术架构和业务架构的中间层，其通过连接数据和业务为企业提供基础技术服务和通用技术功能，帮助企业快速响应和适应市场变化。中台建设需要各部门的协同配合和整体设计，推动企业管理升级。然而，中台也给企业管理带来一些挑战，需要 OD 人员来应对。

某大型互联网金融企业开始建设中台，一年后，该企业搭建起一套完善的中台技术架构和体系，并成功实现了数据和业务的打通。随着中台落地，这家企业也面临一系列的管理问题。

1. 团队建设问题

中台建设需要涉及多个部门和领域的知识，因此，OD 人员需要组建跨职能的中台团队。然而，在实际的协作中，该企业不同职能的员工之间常常出现相互不理解和沟通不畅的情况，这是中台建设给该企业的管理带来的一大挑战。针对这种情况，OD 人员需要对中台团队成员的专业能力和沟通协作能力进行评估，并构建相应的考核和激励机制，以达到有效协同配合的目的。

2. 组织设计问题

随着中台建设的推进，该企业原有的组织架构和职能边界也需要进行相应的调整。例如，IT 部门需要重新定义自己的职责和角色。这就需要 OD 人员做好组织设计和人员调配工作，保障各个职能部门之间协同、配合。

3. 管理流程问题

中台建设意味着很多业务规则和流程需要重新设计。为了推动中台建设，实现数据的快速流通，该企业原来的业务流程需要更新升级。这就需要 OD 人员了解新的业务流程和规则，并积极地配合中台团队的工作。

4. 知识共享问题

建设中台需要各部门协同配合、信息共享。然而，在实际操作中，该企业不同部门之间的知识共享面临一些障碍。例如，某个部门可能对自己拥有的数据过度保护，不愿意与其他部门共享数据。针对这种情况，OD 人员需要建立系统的知识共享机制和流程，鼓励各部门之间的信息共享和合作。

针对上述挑战，OD 人员可以采取以下几点措施：

（1）OD 人员可以就中台建设建立考核与激励机制，对跨职能团队成员的绩效进行评估和奖惩，从而促进跨部门沟通与配合。

（2）OD 人员需要明确各部门和团队的职责与权限，实现中台建设工作的衔接与一体化，加强跨部门协调和沟通。

（3）OD 人员应关注中台建设过程中业务流程的优化，确保新的流程符合中台的架构和数据要求，鼓励各部门与中台团队共同参与流程的优化与改进。

（4）OD 人员应建立知识共享平台和机制，鼓励各部门主动分享信息，在保障数据安全的前提下，共同推动中台建设。

中台建设对于企业的发展和升级至关重要，但同时其也面临诸多挑战。在这个过程中，OD 人员需要高度重视组织设计和流程改进，加强各部门之间的协作，打造高水平的跨职能中台团队，实现数据和业务的快速协同和响应。

6.3　集团型企业组织设计 vs 成长型企业组织设计

组织设计主要有两种类型: 一种是适用于集团型企业的组织设计, 另一种是适用于成长型企业的组织设计。集团型企业和成长型企业的组织设计逻辑是相似的, 只是侧重点略有不同。

集团型企业在进行组织设计之前, 需要花费大量的时间做战略解码。而成长型企业规模小、组织架构模糊, 会更多地聚焦于梳理业务流程和价值链。无论哪种类型的组织设计都不是完美的, 但只要能够帮助企业持续提升效能, 就是有价值的。

6.3.1　集团型企业: 保证企业稳定发展

集团型企业组织设计的重点是明晰企业业务战略, 常见的战略解码工具有 BSC 和 BEM (business execution model, 业务执行模型) 等。

以 BEM 为例, 它是自上而下支撑中长期企业发展战略的系统性战略逻辑解码模型, 其通过将战略分解成可量化执行的策略, 使战略在组织成员和团队的重点工作中落地。

战略解码是推动战略大图生成的重要工具。OD 人员可以基于战略大图分析当下组织支撑战略落地、实施的方法有哪些，组织需要从哪些方面重塑企业的生产力与生产关系。

战略大图设计是集团型企业组织设计的关键环节，其主要包含以下 4 个步骤。

1. 设定框架

战略大图框架的设定主要基于组织发展战略和组织诊断结果，遵循组织结构变化规律，为组织设定合适的框架。在集团型企业中，矩阵型组织架构较为常见，其包含纵向、横向两种管理模式。

矩阵型组织架构的价值在华为的"铁三角"、阿里巴巴的前中后台等知名企业的产品小组中都获得了充分的验证。

2. 长短期策略结合

在组织架构设计过程中，OD 人员需要采用长短期相结合的策略。OD 人员需要思考：组织在短期内应采用什么样的架构？未来 3 ～ 5 年，组织要形成什么样的架构？OD 人员要沿着组织迭代轨迹，不断评估、验证组织架构，并持续提升组织效能。

3. 分阶段贯彻实施

在组织架构和实施策略基本确定之后，OD 人员就可以开始贯彻实施。在这个过程中，OD 人员要注意组织架构调整的上传下达，同时也要设计新的运营系统，以支撑组织架构落地。

OD 人员需要根据企业文化确定具体贯彻、实施组织架构的方法，规避贯彻、实施过程中可能出现的风险，避免给企业带来不必要的麻烦。

4. 建立保障机制

OD 人员需要建立组织发展保障机制。在不同的发展阶段,组织应有不同的保障机制,如混合项目制、决策委员会机制、荣誉激励体系、人才绩效体系等都能够为组织发展提供保障。

以上就是集团型企业组织设计的 4 个基本步骤,这 4 个基本步骤体现了集团型企业整体的发展战略、业务流程和目标,有助于保障企业稳定发展。

6.3.2 成长型企业:侧重于岗位设计

在不同的组织发展阶段,组织、业务和员工之间的关系有着不同的特点。一般来说,创业初期的企业尚未形成完善的业务逻辑,人员规模也相对较小,它们的组织架构和组织分工也相对模糊,具有比较大的不确定性。成长型企业进行组织设计的 4 个步骤包括绘制业务流程图、战略大图匹配、岗位设计、建立保障机制。

1. 绘制业务流程图

首先,OD 人员需要进行行业对标和业务分析,绘制出业务流程图,并确定业务管控模式。绘制业务流程图需要 OD 人员找到业务的核心价值链,自上而下地对这条价值链进行权力下放,自下而上地进行信息回传。

2. 战略大图匹配

OD 人员要根据业务大图匹配战略大图,战略大图主要包含组织架构框架图、部门职能定位及职责，以及围绕组织架构设计的人才结构。

3.岗位设计

当 OD 人员完成战略层面的基本设计后，就要关注运营层面的岗位设计。OD 人员在进行岗位设计时，可以通过胜任力模型确定岗位职责、部门任务和绩效考核指标等。OD 人员还需要根据岗位设计从薪酬福利、岗位职级等方面进行岗位评估，同时进行人岗匹配。

4.建立保障机制

建立保障机制是组织中的规则体系设计。对于规则体系的建立与运行，OD 人员需要重视组织中汇报的排序。同时，OD 人员还需要重视组织中的人岗匹配。基于职责的能力匹配是人与岗位之间实现责、权、利对等的基础，责任和权力的分配需要采用规范化的制度体系。此外，OD 人员要平衡好组织中的利益分配，包括工资、奖品、荣誉等在内的所有激励，这些是对组织成员工作价值、工作结果认可的表现。

在成长型企业中，组织设计更侧重于岗位设计。OD 人员在进行组织设计时，要注重岗位的权责均衡，并保障岗位设计与组织的整体发展目标是匹配的。

6.3.3 案例分析：海尔的组织架构演变

组织架构是组织设计的核心和结果。组织架构直观地展现组织内部的分工、层次结构、上下级的隶属关系和各部门的配置情况等。下面以国际知名家电企业海尔为例，探讨海尔组织架构的演变规律。

1. 直线职能型

海尔组织设计的第一阶段是直线职能型的组织管理。直线职能型的架构是一种集权式组织架构,其轮廓类似金字塔,最上面是厂长、总经理,下面是普通员工。这样的组织架构的优点是领导层比较容易对终端进行控制,便于管理整个组织。这种组织架构在海尔发展初期发挥了重大作用,为海尔步入发展正轨提供了有力的支持。

不过,随着企业规模壮大,这种架构的劣势也逐渐显现出来,即响应市场变化的速度较慢。多元化经营加重了高层管理者的工作负担,这种负担主要集中于产品、服务之间的协调与决策。于是,海尔的组织架构开始由直线职能型向矩阵型转变。

2. 矩阵型

海尔组织设计的第二阶段是搭建矩阵型组织架构。矩阵型组织架构包括纵、横两套管理系统。纵向的是职能领导系统,横向的是为完成某一任务而搭建的系统。纵、横系统结合,可以加强职能部门之间的配合与协作。矩阵型组织架构有较强的机动性,能够根据环境的变化和组织的特定需要,保持高度的灵活性和敏捷性。

但矩阵型组织架构中的每一个团队往往基于自身产品或服务构建自身能力,导致产品线之间缺乏协调性,从而降低组织的核心竞争力,使产品线的整合和标准化更加困难。

3. 市场链型

海尔组织设计的第三阶段是市场链管理模式。这种组织架构使海尔的组织形态开始向流程型方向转变,优化了市场资源和企业管理资源的配置,使组织结构更加扁平化,提高了管理系统的效率和柔性。

市场链管理模式以订单信息流为基础，带动资金流、物流的运行，加快了产品零库存、营运零资本、用户零距离的"三零"目标的实现。

海尔组织架构的演变是海尔不断调整组织设计的结果，其体现了海尔多年来组织设计的过程和思想。海尔组织架构的演变不会止步于此，海尔还会继续顺应时代发展和市场环境变化不断调整自身的组织架构，完善自身的组织设计，以不断提升自身在市场中的竞争力。

第7章
组织变革：推动组织迭代新生

在完成组织诊断和组织设计后，OD 人员就需要着手推进组织变革。OD 人员要掌握组织变革的要点，抓住组织变革的落脚点，通过制定相应的制度促进组织变革计划加快落地，并注重组织变革全流程的有效干预。

7.1　企业进行组织变革的原因

企业要想实现长远发展，就要进行组织变革。组织变革不仅是环境变化驱动的结果，还是小企业成长为大企业的必由之路。

7.1.1　环境变化：数字化环境驱动组织变革

数字化环境已经悄然改变了社会生产和生活的方式，在不断变化的环境中，各行各业的企业不断调整自身的组织形态，以适应环境的变化。组织变革已经成为企业顺应数字化潮流的重要行动，数字化环境驱动组织变革的 3 个要素如下。

1. 技术驱动

数字化环境带来的技术创新是组织变革的重要驱动力之一。随着人工智能、大数据、云计算等技术的不断发展，企业可以更快速地获取和处理信息，企业各部门的协同也更加便捷、高效。这些先进的技术推动了企业运营模式和商业模式变革，极大地提高了企业的运作效率和盈利能力。例如，企业可以通过智能化生产线减少成本、提高生产效率，这需要企业在组织和管理上进行变革，如重新设计生产流程、优化组织架构等。

2. 竞争驱动

数字化环境加剧了企业之间的竞争，驱动了组织变革。当下，消费者可以通过互联网轻松地获取产品和服务的信息，更便捷地进行比较和选择。这种以消费者为导向的竞争给企业在数字化环境中的生存和发展带来了新的挑战。因此，企业只有不断提高运营效率，打造更优质的客户体验，推出创新的产品或服务，才能够在竞争激烈的环境中生存。因此，数字化环境所带来的竞争压力也是企业进行组织变革的重要驱动力。

3. 员工需求驱动

数字化环境改变了员工的职业发展路径和工作方式，这需要企业重新审视自身的组织架构和文化。当下，员工更加重视工作的灵活性、自主性和优质、舒心的工作体验。数字化环境能够在一定程度上满足员工的新需求，例如，云计算和视频会议等技术可以跨越时间和空间，实现远程工作和灵活工作。因此，企业需要通过组织变革为员工创造更好的工作体验，以提升员工的满意度，充分凝聚员工的力量，释放员工的价值。

总之，数字化环境已经成为企业进行组织变革的重要驱动力。在数字化环境中，企业可以通过调整组织架构重新确定市场定位，并挖掘更多潜在价值。因此，为了在数字化环境中获得持续发展，组织变革已经成为企业顺应环境变化的重要选择。

7.1.2　成长需要：小企业成长为大企业

企业经营必须遵循市场规律，市场经济的典型特征之一是竞争，企业的生存、发展与竞争力高低相关。因此，很多小企业在市场中获得一定认可之后，便着手扩大业务范围，以实现扩张，占据更多的市场份额。

在扩张的初期，小企业一般能取得不错的成果，但当企业达到一定规模之后，就会面临许多问题，如组织架构僵化、管理混乱、资源配置效率低下、人才流失等。这些问题阻碍了企业的持续发展，成了企业的短板，导致企业在市场竞争中逐渐失去优势地位。

小企业在成长为大企业的过程中会遇到诸多问题，因此组织变革成为其必要选择，以便企业能够在更复杂、更具挑战性的市场环境中生存、发展。

首先，市场环境是影响小企业进行组织变革的关键因素之一。市场竞争的激烈程度、技术的日新月异、消费者需求的变化等因素都会对企业的生存和发展产生影响。当小企业成长为大企业时，其所处的市场环境可能发生了根本性的变化。这时，小企业原有的经营策略、经营模式可能已经无法适应当前的市场环境。而组织变革能够帮助企业重新审视自己的技术和产品，并做出相应的改变，以适应市场环境。

其次，由于规模的限制，一些小企业会出现资源不足或资源浪费等问题。当小企业成长为大企业时，企业需要提高资源配置效率，避免资源的浪费和闲置，以实现资源的最优配置和最大化利用。

最后，在向大企业成长的过程中，小企业需要更加系统的组织架构，这也是企业进行组织变革的重要原因之一。小企业的职能划分往往不是很明确，管理层级较少，管理权比较集中。小企业成长为大企业后，需要建立管理层级完善、部门设置合理、职责明确的组织架构，以更好地实现企业的战略目标。组织变革可以帮助企业重新规划组织架构，调整管理架构和流程，从而实现企业内部信息共享、协作和高效决策。

组织变革能够帮助企业更好地适应市场环境，不仅能够提升企业的竞争力和创新能力，还能够提高企业运营效率和盈利能力。总之，组织变革是小企业成长为大企业的必然选择。

7.2　组织变革的 3 个要点

组织变革是一个循序渐进的过程，需要与企业的成长相匹配。组织变革需要在组织规模不断壮大中稳步推进，并尝试打破组织边界，推动组织的更新迭代。

7.2.1　组织变革需要与企业成长相匹配

组织变革需要和企业的成长相匹配，即当企业发展战略发生变化时，应及时调整组织架构、变革方式和方法，使其能够适应企业发展的需要。根据企业成长调整组织变革方式和方法如图 7-1 所示。

图 7-1　根据企业成长调整组织变革方式和方法

1. 战略对接

战略对接是指 OD 人员需要将组织变革和企业战略进行对接。组织变革需要根据企业战略的变化而变化，当企业战略发生变化时，OD 人员就要相应地对组织变革流程进行优化。

在进行战略对接时，OD 人员需要思考以下几个问题：

（1）企业战略可以细化为多少个小目标？

（2）这些小目标能通过什么途径实现？

（3）企业决策者关注的重点是什么？

（4）有哪些目标可以交由他人负责？

（5）实现这些小目标需要哪些部门相互配合？

战略对接是组织变革匹配企业成长的第一步。OD 人员需要对企业发展战略进行了解和分析，明确现有组织架构的不足之处。

2. 选择类型

组织架构的类型受企业战略和管理方式的影响，在不同的发展阶段，企业应选择不同的组织架构。组织架构的类型主要有 4 种，分别为功能型组织架构、分支机构型组织架构、矩阵型组织架构、聚焦型组织架构。企业需要根据自身发展战略和发展需求选择合适的组织架构类型。

3. 调整部门

在实现战略对接、选择好合适的组织架构后，OD 人员就需要对部门进行调整。随着企业的发展壮大，职能越来越多，分工也越来越细。当职能细分到一定程度时，一个层级的管理幅度就超出了合理的限度，这时必须把职能相近或者联系度高的部门整合起来，从这些部门中挑选一个能力较强的人负责管理。例如，质检部门、生产制造部门和产品部门三者之间的合作比较多，这 3 个部门就可以整合起来，交由一位管理者管理。

4. 确定职能

各个部门都有自己的职能，只有确定各个部门的职能，承担相应的任务和责任，完成部门任务，履行部门职责后，才能获得相应的利益。

职能是根据组织架构来划分的，即 OD 人员需要明确一个部门在企业中具体要做哪些工作、履行什么样的职能，这是部门开展工作的依据。明确了部门职能，各部门才能各司其职。

5. 确定层级

企业管理分为 4 个层级，分别为决策层、管理层、执行层和操作层。其中，决策层人员最少，操作层人员最多。层级受管理幅度的影响，两者之间是反比例关系。

层级越多，信息传递与沟通就越困难，越容易受到干扰。而层级过少，则会使管理者的管理幅度过大，导致管理者不胜负荷。只有层级划分合理、协调，遵循权责均衡原则，与组织的整体管理协调，才能有良好的变革效果。

7.2.2 组织变革需要逐步、平稳推进

组织变革不是一蹴而就的，需要循序渐进、平稳地推进。在准备开始组织变革时，OD 人员可以先找准一个落脚点，从一个部门或者一

项业务开始，朝着组织变革的目标逐步推进。

小张是某互联网公司人力资源部门的经理，管理着企业的 OD 团队。近几年，随着企业规模不断扩大，业务不断增多，其 OD 团队也不断壮大。

考虑到企业成长的需要，企业高管层决定调整现有的组织架构，在企业内部推行事业部制组织架构，即将企业的部门按照业务、产品整合成事业部，给予其负责人更多的权力，推动企业的进一步发展。

为了使事业部制组织架构更好地落地，小张提议可以先将企业的云服务业务拆分出来，组建事业部。这样不仅可以验证事业部制组织架构的实际效果，还为动员员工、政策宣传提供了充足的时间。

小张的这一建议得到采纳，随后，企业将原本的云服务部门调整为云服务事业部，调整了事业部的人员结构，明确了员工的职责。

在经过 3 个月左右的试运营后，云服务事业部的效益有了一定程度的增长，规模进一步扩大。在确定这一组织架构可行后，小张逐步将企业的 10 余个业务部门调整为事业部，并为每个事业部配备经过培训的、更加专业的 OD 人员。

在进行组织架构调整时，OD 人员不可急于求成。有时一项大范围的组织架构调整，可能会历时一个季度甚至一年。为什么要这样逐步推进呢？

一方面，组织架构调整对于企业来说是一个挑战，存在诸多不确定性和风险。先进行试点，再逐步推进，能够帮助 OD 人员明确组织架构的适用性和成效，为大范围的组织架构调整积累经验。

另一方面，组织架构调整必然涉及员工工作岗位的调整，为了使员工更容易接受企业的这一变化，在新的岗位上努力工作，OD 人员需要为员工留出接受转变的时间。在组织架构逐步调整的过程中，OD 人员可以进行充分的政策宣传，激发员工工作的积极性，使员工更容易接受新的岗位。

总之，在进行组织架构调整时，OD 人员需要稳步推进，以降低风险，推动组织变革顺利进行。

7.2.3　尝试打破组织边界

组织边界有时会成为组织更新迭代的限制，甚至是阻碍。组织变革需要 OD 人员协助组织打破传统的组织边界，为组织变革创造更多的可能性。

传统的企业组织架构中有 4 种边界，分别是垂直边界、水平边界、外部边界、地理边界。垂直边界是企业内部的层次和职位等级；水平边界分割职能部门及规则；外部边界隔离了企业与客户、供应商、管制机构等外部环境的关系；地理边界是文化、国家和市场的界限。

随着信息技术的发展，这些边界日益模糊，跨界运作成为企业的常态，企业管理也要向更为灵活、更为高效的方向转变，如去中心化、去中层等，打造无边界的组织，以提升企业运营效率。OD 人员应打破的 4 个组织边界如下。

1. 跨越垂直边界

跨越垂直边界表现为打破职位等级这种僵化的定位，将权力下放到基层，员工有一定的自主权，让对结果负责的一线员工做决策。这就要求 OD 人员要培养员工的决策能力，引导员工参加实践活动，锻炼决策能力。

2. 打破水平边界

打破水平边界指的是 OD 人员要打破各个职能部门之间的边界，使计划、生产和销售等各部门连接，形成统一的系统。各职能部门的员工都用相同的方式为客户提供服务，保证在客户面前，企业是一个整体。

3. 跨越外部边界

跨越外部边界即推倒外部的"围墙"，让企业能与供应商、客户、竞争者等外部主体融合，成为一个创造价值的系统，建立供应链管理与战略联盟管理机制，以达到共同拥有市场、共同使用资源的目的。跨越外部边界后，企业可以进行虚拟化经营与网络化经营，以合同为基础，借助其他组织进行经营活动。

4. 跨越地理边界

跨越地理边界即打破跨国公司的地理边界，位于不同国家的部门能相互学习，与当地的文化相融合。

OD 人员在进行组织架构调整时打破组织边界，可以提高信息在整个组织中的传递、扩散和渗透能力，实现各部门的有效合作，使各项工作在无边界的组织中顺利开展和完成。

7.3 组织变革的 3 项抓手

OD 人员要紧握组织变革的重要抓手，包括数字驱动、以制度搭建规则、聚焦人才。这 3 项抓手是组织变革的重要推动因素，有助于更好地汇聚组织变革的力量，让组织变革加快落地。

7.3.1 数字驱动，让组织协同更加高效

随着数字化时代的不断发展，数字驱动成为推动组织发展的重要力量。数字驱动让信息流动更加通畅，加快组织内部信息网络的形成，使组织协同更加高效。

数字驱动企业内部形成了信息流，让信息共享更加便捷。通过数字化技术，企业可以快速地将信息传递给员工，员工之间也可以快速地传达工作信息，这使得组织协同更加高效。同时，数字化生产模式让组织协作效率更高。借助数字化技术，企业内部可以实现远程协作，员工可以在不同的时间和地点协同完成任务。

企业应该根据自身的业务情况，制订数字化计划，包括数字化的目标和数字化的方法。同时，企业应该加快数字化平台的搭建。数字化平台可以是企业内部的信息系统，也可以是企业外部的云计算平台。

在组织变革过程中，企业应该注重数字化文化的建设。数字化文化应该包括数字化意识、数字化技能和数字化态度。员工应该认识到数字化对企业发展的重要性，组织也要培养员工的数字化技能。此外，企业应该建立数字化团队，负责数字化平台的建设和维护，为组织提供专业的数字技术，配备足够的数字人力和物力。

数字驱动已经成为组织发展的主要力量。数字驱动让组织协同更加高效，企业应该制订数字化计划，培养员工数字化能力，从而在组织变革的过程中，提升组织内部的协同度。

7.3.2　以制度搭建规则，让组织变革落地

组织变革不是简单的改变和调整，变革很容易引起组织内部各种管理问题的爆发，进而对组织的整体运营产生不良的影响。如何促使组织变革落地？以制度搭建规则是一种有效的方法。

以制度搭建规则的实质是在变革过程中合理运用规则和制度，明确组织内部各部门、员工的权利和义务。在组织变革过程中，通过制定各类规章制度、流程、制度执行规范来约束组织成员的行为，以达到管理和控制的目的。只有在制度的明确约束下，组织成员才能明确自己的权利和义务，从而推动变革加速落地。

首先，以制度搭建规则能够提升组织的绩效。组织绩效是组织得以发展的重要基础，而规则的搭建是不断提升组织绩效的关键。以制度搭建规则能够合理规范员工的行为、角色和义务，对组织的各个环节都进行明确的规范，从而有效地提升组织的整体运行效率。

其次，以制度搭建规则能够增强组织的稳定性。在变革过程中，组织不仅需要关注变革流程的运作，同时也需要注意变革可能会引发的诸多问题，如员工的流失、社会风险等。以制度搭建规则，组织能

对变革过程中的风险产生预期，并且合理进行风险分析与应对。员工也可以在制度的指导下更好地参与变革，规范自身行为。

组织变革需要注重制度的全面性、系统性和连续性，只有这样才能真正保障组织变革的落地和推进。同时，制度的实施需要得到上下级层面的理解和支持。制度的完善需要不断地检验和反馈，以不断提高其实施的有效性。

很多组织变革没有成功落地的原因之一是组织的规则和制度不够完善。制度的约束和规范有利于组织快速实现变革目标，提升组织竞争力。

7.3.3 聚焦人才，促进人才在组织中的流动

人才是构成组织的关键要素，是组织变革的重要支撑力量。OD 人员要重视人才的培养和维护，聚焦人才，让人才的价值在组织中充分流动。

加大对人才的支持更有利于组织进行规模化的变革。传统的雇佣制度从经济人假设的角度出发，认为员工工作的目的只是获取经济报酬。在物资匮乏的年代，这一雇佣制度很好地支持了企业的运转。但是随着时代的发展，人们生活水平的提高，单纯的经济报酬已经无法完全满足员工需求，导致员工离职率逐渐升高。

而与经济人假设对立的社会人假设则认为，员工工作不仅是为了获取报酬，还为了社交、维持人际关系。若想提高员工的产出，组织不仅要关心产品，更要关注员工的需求。OD 人员要多给予员工奖励，提升其集体荣誉感，让员工积极参与到组织变革中来。

复杂人假设认为，员工工作的目的是复杂的，因为人是复杂多变的动物。在不同组织或同一组织中不同团队工作的员工都有着不同的目的，而工作动机不同的员工对同一个管理模式也会产生不同的反应。但是他们都遵循一个原则：只要获得的利益大于付出的代价，那么他

们就会安心地在团队中工作，支持组织平稳运行。

在规模化组织变革中，理想的人才分布结构是橄榄形：中间大，两端小。中间部分是骨干人才，一端是高级人才，另一端则是一般人才。这 3 种人才是依据人才的能力、素质差异划分的，但是划分结果并非一成不变，而是可以动态变化。高级人才一般是核心业务团队的管理者，骨干人才大多为次级业务团队的管理者，而一般人才则是团队成员。人才边界是模糊的，人才可以相互转换。这是敏捷组织的人才结构特点，与规模化组织变革需求相契合。

为了形成相对稳定的人才结构，组织除了根据经济人假设原理，为员工提供符合其期待与工作水平的经济报酬外，还需要为其提供合理的岗位晋升机制，让员工在组织变革过程中获得参与感，提高员工对企业战略的认同度。此外，OD 人员还应注意员工在企业内的社交关系，一旦员工与企业或员工与员工之间存在矛盾与冲突，OD 人员应当及时进行调节，快速解决问题，以防引起组织内部动荡。

此外，OD 人员还应当做到全面赋能员工，注重人才成长。OD 人员可以开办人才培养训练营，注重关键岗位人才的培养以及为种子员工提供实战机会，使员工快速成长。同时，还应当营造浓厚的创新、学习、共享氛围，使员工内心有收获感，维持组织变革期间良好的组织氛围。

在组织变革期间，员工很容易对企业的未来发展产生担忧。OD 人员除了能够为其提供良好的物质条件和良好的组织氛围外，还应当为其描述清晰的企业发展愿景。在满足应聘人才基本需求的基础上，运用人力资源管理的专业技巧，突出企业的与众不同之处，将企业远景与人才个人发展规划有机联系起来，由企业雇佣人才转变为企业与人才共同成长。只有这样，企业才能够吸引人才并留住人才，为规模化组织变革提供人才支持。

7.4 通过全流程干预推动组织发展

在组织变革的过程中，OD 人员要加强对组织、团队和个人的干预，从而为组织的变革提供保障，推动组织发展。

7.4.1 组织干预：组织变革过程中进行调查反馈

调查反馈作为一种组织干预的手段，其主要目的是了解组织成员的真实想法和需求，以进行有针对性的组织干预，更好地指导组织变革。OD 人员可以通过多种途径开展调查反馈，如问卷调查、头脑风暴、小组讨论等。

组织干预是指组织通过一系列变革措施改变组织现状，提升员工的工作积极性和组织竞争力。在进行组织干预的过程中，OD 人员需要考虑员工的参与度，以便更加清晰、准确地了解员工的需求和意见，并根据员工的反馈制定出有针对性的组织干预措施，从而提高员工的满意度和工作效率。

在进行调查反馈的过程中，OD 人员还需要考虑到员工的隐私权和保密性，保障员工的信息安全。同时，OD 人员需要及时将调查的结果反馈给组织，并制定具体的干预措施。组织干预是一个持续的过程，

OD 人员应定期进行调查反馈，了解组织变革的效果。

7.4.2　团队干预：角色分析与团队优化

在组织变革的过程中，团队的作用是不容忽视的，对团队成员的角色进行分析和对团队进行优化是 OD 人员进行团队干预的重要方式。

首先，在组织变革过程中，组织成员角色分析是至关重要的。因为组织中每位成员的能力、素质和个性都不同，其在组织中的角色也是不同的。通过深入了解每位成员在组织中的角色，OD 人员可以更好地给他们分工、定位。同时，通过角色分析，OD 人员可以明确每位成员的职责与义务，帮助他们更好地理解自己的工作内容和工作目标，以提高工作效率和工作质量。

其次，在组织变革过程中，团队协作非常重要。如果团队合作不良，则会影响组织整体的工作效率和效益。而团队优化可以促进团队成员之间更好地沟通和合作，从而减少信任危机和冲突的发生，使团队能够顺利运转。

团队优化需要从多个方面来考虑，包括团队成员之间的相互作用、沟通的效率、任务的分配等。团队成员需要相互协调、相互支持，共同完成任务。团队优化可以提高团队的凝聚力和创造力，更好地促进组织发展。

此外，角色分析与团队优化不仅可以单独进行，还可以相互结合，共同完成组织变革的目标。角色分析可以帮助团队成员更精准地找到自己在团队中的定位，并协调自己与其他成员的关系。而团队优化可以通过深入了解团队成员之间的互动和协作情况，提升团队成员之间协作的效率，以便更好地完成所分配的任务。

在组织变革的过程中，OD 人员要对团队工作进行干预，动态跟踪，不断调整，以帮助团队更好地适应组织的发展和变化。

7.4.3 个人干预：能力培养＋职业规划

在组织变革的过程中，除了对组织和团队的干预外，OD 人员也要对组织中的个人进行干预。OD 人员要注重提升员工个人能力，使员工能够更好地适应组织变革，为组织创造更多价值和效益。

在能力培养方面，培训是常用的方法之一。OD 人员可以定期组织员工参加与业务相关的培训，提升员工的专业技能和工作效率，帮助员工尽快适应新岗位、新工作和新职责。能力培养对员工个人来说十分重要，因为它可以给予员工自信心和认同感，为员工提供更多的职业发展机会，使他们能够在组织变革过程中充分展现自身价值。

组织变革往往意味着岗位调整和职能变更，为组织成员带来新的职业挑战和机遇。OD 人员可以通过帮助员工制订职业规划对员工进行个人干预。职业规划不仅能够帮助员工明确奋斗目标和努力方向，还能够激发员工的工作热情，更好地挖掘员工的潜力。OD 人员要根据每位员工的能力和特质，为员工制订个性化的职业规划，保障每位员工的职业规划与组织变革的目标和需要相匹配。

能力培养和职业规划是 OD 人员进行个人干预的重要方法。能力培养提高了员工的专业水平，职业规划则为员工提供了职业发展方向和未来目标，使员工具备更加清晰的自我认知和职业认同。

在组织变革过程中，OD 人员需要采取有效的方法培养员工，提升员工的能力，帮助员工做好职业规划，使组织与员工在变革中相互适应，共同成长，推动组织发展。

第8章
组织绩效：激励员工提升绩效

组织绩效是衡量组织运营情况的重要依据，科学的组织绩效管理能够推动企业战略目标的快速实现。OD 人员要重视组织绩效的作用，打造规范化的组织绩效管理模式，提升组织运行效率和企业整体经营效益。

8.1 组织绩效常见问题探讨

在组织绩效管理实践中，OD 人员可能会有一些困惑，遇到一些阻碍。下面围绕组织绩效的常见问题展开讨论，分析问题成因，以免 OD 人员陷入组织绩效管理的困境。

8.1.1 懂得员工需求：00 后新生代员工的需求特征

00 后员工是当今职场中的新生代主力军，他们的新生力量能够对企业发展产生极大的影响。由于与前辈的成长环境不同，00 后的价值观、思维方式、行为方式均有突出的特点，他们在工作中的需求与表现也与前几代职场人有所不同。00 后在职场中的需求的特征，如图 8-1 所示。

1. 精神富裕

00 后员工不只是单纯地追求物质方面的富足，他们还更加注重精神、情感的满足，他们更愿意选择一份能够抚慰灵魂的工作，并在工作中得到分享、创造、探索与成长的满足感。00 后员工更加注重文化多样性，他们希望加入一个有活力、有创造力、有良好的文化氛围和团队氛围的企业，渴望在团队中得到精神的滋养。

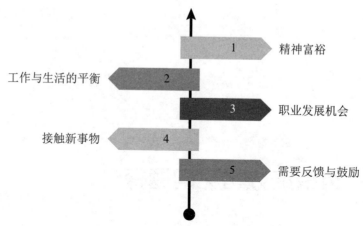

图 8-1　00 后在职场中的需求的特征

2. 工作与生活的平衡

00 后员工十分注重工作与生活的平衡。他们不希望将大量时间投入工作中，而是追求生活的多样性与丰富性，如艺术、健身等。

3. 职业发展机会

00 后员工更加关注个人成长、职业规划，追求个人发展目标与企业发展目标相匹配。虽然 00 后员工年龄较小，但是已经形成了相对完善的职业规划体系，他们对于自身在企业中的职业发展机会非常重视，希望企业能够为他们提供成长平台，实现他们的职业规划。

4. 接触新事物

00 后员工更愿意接受新事物和新技术。他们愿意尝试新的行业、新的岗位，为企业的发展注入新的活力。

5. 需要反馈与鼓励

00 后员工想要得到更多的反馈和鼓励，他们想要知道自己的工作水平和优缺点，以更高效地工作。因此，他们更青睐能够获得及时反馈的工作方式和工作环境，受到领导的关注和夸赞，他们的工作动力会更足。

00后是一个充满活力的群体。随着时代的发展，他们在组织内的作用更加重要。因此，OD人员在进行组织绩效管理时，应尽量满足00后的需求，充分激发新生代的力量。

8.1.2 懂得激励目的：企业的激励难见成效的原因

员工激励是组织绩效管理中不可或缺的一部分。企业可以通过制定各种激励措施，为员工提供良好的工作条件，提高员工的创造力和工作积极性，达到提高企业运营效率和效益的目的。事实上，激励方案执行结果不尽如人意。企业的激励难见成效的常见原因有以下几点。

1. 一味照搬其他企业的激励模式

一些企业在设计激励方案时，往往会照搬其他企业的激励方案。但由于不同的企业的经营规模、员工需求等大不相同，因此照搬的激励方案不一定适合自己的企业。不合适的激励方案难以产生激励效果，甚至会阻碍员工进步和企业发展。

2. 激励的价值不足

不同员工对于奖励的价值认知并不相同。如果激励方案所提供的奖励对于员工来说不够价值，那么员工可能会对奖励不满意，这就无法起到激励的作用。

3. 不公平的奖励分配

奖励分配不公平，会让员工对组织产生不满，影响员工的工作积极性。

4. 激励方案存在缺陷

激励方案可能存在缺少目标、监督不力、信息不对称等问题，会影响激励方案的实施效果。

为了提升激励方案实施效果，OD 人员应该积极解决方案设计过程中的问题，不断完善方案实施的相关措施。以下是一些解决方法：

（1）设计更加完善的激励方案。期望理论的 3 个要素是期望、激励、价值。期望是指个体采取某种行为能够取得的结果；激励是指个体达成目标所能获得的奖励；价值是指个体对于奖励的认可程度。

（2）考虑员工的心理因素。企业应该了解员工的心理需求并及时给予员工反馈，这对于提升员工的工作积极性和激励效果都有很大的帮助。

（3）建立完善的激励监督机制。OD 人员应对激励方案的实施进行监督，建立完善的激励监督机制，在必要时可以调整方案。

（4）公平、公正地分配奖励。激励方案的激励效果与奖励分配的公平性和公正性密切相关。因此，企业应该建立公平、公正的奖励分配机制，确保员工的工作积极性。

激励难见成效是一个很常见的问题。为了提高激励方案的实施效果，OD 人员需要认真审视、分析原因，不断完善激励方案，维持员工的工作热情，鼓励员工为企业创造更多价值。

8.1.3 懂得员工心理：员工离职的原因

员工离职是 OD 人员在组织管理中需要重视的问题之一。员工离职对企业的影响很大，不仅会导致人才流失，还会影响企业的经济效益和企业的稳定性。企业稳定性是企业发展的重要保障，如果员工流失过多，就会影响企业的稳定性，进而影响企业的未来发展。

离职率过高会降低员工对企业的归属感，影响全体员工的士气，员工工作积极性下降，最终会影响企业业绩的提升。员工离职常见的原因如图 8-2 所示。

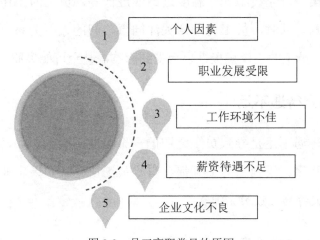

图 8-2　员工离职常见的原因

1. 个人因素

个人因素是员工离职的主要原因之一，如家庭、工作能力等因素都有可能导致员工离职。计划赶不上变化，家庭对于每个人来说都至关重要，因此，家中的紧急或突发情况成为员工离职的重要原因之一。同时，如果员工感觉自己无法胜任工作，也可能会选择离职。

2. 职业发展受限

现代员工不仅关注工资、福利等待遇，还关注企业是否能够为自己提供职业发展机会。如果企业不能满足员工的发展需求，他们就会寻找更有利于自身发展的机会。因此，建立良好的职业发展体系，帮助员工实现职业梦想，是企业留存员工的重要方法之一。

3. 工作环境不佳

工作环境是员工工作时所处的物理和心理环境。如果工作环境不佳，如有噪声、光线不佳、温度过高或过低等，员工的工作积极性就会受到影响。同时，员工也非常关注同事之间的人际关系，如果人际关系不好，员工的工作积极性也会受到影响，甚至可能离职。

4. 薪资待遇不足

薪资待遇不足是导致员工离职的一个重要因素。例如，企业的薪资待遇、社保、福利、奖金等都会影响员工留存。如果企业的薪资待遇差，就很容易导致员工流失。

5. 企业文化不良

企业文化是企业形象的根基，如果企业文化不良，员工对企业的不信任感就会增强，员工也会选择离职。

员工离职问题是影响组织绩效的重要问题，员工离职会给企业带来人力、经济等多方面的影响。因此，企业应该重视员工的工作情况，加强员工管理，尽可能地避免员工离职给组织秩序和绩效带来不利的影响。

8.2　提高组织绩效的方法

在了解组织绩效管理方面的常见问题后，OD 人员就要着手提升组织绩效，完善组织绩效方案。绩效管理的主要目的是提高组织整体运营效益，提升企业的竞争力。加强对组织绩效的管理，可以提升组织运转效率，助力组织更快地实现发展目标。如何有效地提升组织绩效，这是一个值得 OD 人员系统研究的问题。

8.2.1　统一目标：我们要有明确的方向

企业需要清楚地了解自己的发展目标、方向和策略，统一组织发展目标是企业长远发展的重要保障，是提升组织绩效的关键。

统一组织发展目标可以为员工的日常工作提供更好的指导。员工需要知道组织的发展目标，这样才能了解组织发展现状，明确个人职业发展方向，有目标性地完成任务和工作，提高工作效率，提升组织绩效。

统一组织发展目标能够更好地帮助企业利用资源、人才和市场机会。只有面对一个共同的目标，组织才能够更好地指导各个部门的日常工作，更有效地配置资源和人才，创造有竞争力的产品和服务。同时，统一组织发展目标还可以激发员工的创造力和创新精神，从而更好地把握市场机会，为企业发展注入源源不断的动力。

在统一目标的过程中，OD 人员需要注意组织发展目标要符合企业发展战略。制定符合企业实际情况和发展战略的目标是 OD 人员统一组织发展目标的关键。在制定组织发展目标时，OD 人员应考虑到企业的实际情况，包括产品和服务的性质、市场规模和竞争状况、拥有的资源等。

同时，OD 人员还需要考虑未来的市场变化和发展趋势，确立组织未来的发展方向和目标。在制定组织发展目标的过程中，OD 人员需要明确每个部门的任务、职责。这样可以确保部门的目标和组织发展目标相一致。

8.2.2 激发效能：构建完善的组织绩效体系

有效的绩效管理能够增强组织的凝聚力，促进组织发展战略快速落地。如果将组织看作一个乐团，组织绩效体系就是指挥官。要想更好地发挥其指挥作用，OD 人员需要了解组织绩效体系的痛点并掌握完善组织绩效体系的方法。

1. 组织绩效体系的痛点

组织绩效体系的 3 个痛点，如图 8-3 所示。

| 1 | 2 | 3 |
| 没有目标共识 | 缺乏绩效反馈 | 结果不公平 |

图 8-3　组织绩效体系的 3 个痛点

（1）没有目标共识。组织制定目标只有少数核心成员参与，目标确认后，也没有向下传达，组织成员没有对目标达成共识。很多时候，员工只有在接到具体任务时，才知道具体的目标，以及目标与自己的关系。

（2）缺乏绩效反馈。在绩效考核过程中，如果 OD 人员不协助组织对员工的绩效进行定期反馈，组织就难以了解员工的具体绩效情况。同样，如果 OD 人员不对员工进行绩效面谈，员工就难以了解自己工作中的不足，无法在科学的绩效辅导下提升绩效。

（3）结果不公平。在拿到绩效考核结果时，很多员工会感觉不理解或不公平。在这种情况下，员工会产生一些困惑，如"我工作那么努力，为什么绩效分数还不如迟到早退的同事？""我所做的贡献那么突出，为什么得不到认可？"

同时，很多管理者也感慨"指标不好定""排名伤脑筋"。如果绩效管理中长期存在这种问题，组织内部的矛盾就会越来越多，绩效考核也会越来越难，导致员工工作成效不明显，绩效考核不客观，最终演变成一种上下级之间的博弈。

2. 完善组织绩效体系的方法

OD 人员完善组织绩效体系的操作方法如图 8-4 所示。

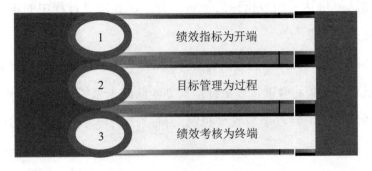

图 8-4 OD 人员完善组织绩效体系的方法

（1）绩效指标为开端。绩效指标是指通过对组织内部流程的输入端、输出端的关键参数进行设置、计算和分析，衡量流程绩效的一种目标式量化管理指标，是组织绩效管理的基础。建立明确、有效的绩效指标，是 OD 人员做好绩效管理的关键。

要想建立科学的组织绩效体系，OD 人员要以企业的业务成长路径为依据。

首先，组织要经营好自己的核心业务，以巩固、提升组织生产力和利润率；其次，组织应扩大已有业务规模，提升市场份额，充分挖掘市场机会；最后，组织要瞄准市场上的新兴机会，验证已有业务模式，并寻找业务成长的机会。

此外，相对成熟、稳定的企业还可以借助平衡计分卡建立绩效指标库，即将绩效指标分为 4 个部分，分别是财务、客户、内部运营、员工成长，并为每个部分建立特定的考核指标。

（2）目标管理为过程。OD 人员确定了绩效指标之后，就需要带领各团队开展绩效管理中的重要环节——目标管理。该环节可以分为三横和三纵。

三横即时间轴上的目标管理，包括定目标、勤复盘和拿结果。

①定目标。OD 人员为组织内部各团队设立特定的绩效指标的同时，为各团队提供达成绩效指标的策略和方法，并定义过程中的重要里程碑以及关键成果。

②勤复盘。在绩效管理的过程中，OD 人员要带领组织勤复盘，各团队要总结经验和教训，以更好地规划团队的未来绩效管理方向。

③拿结果。经过绩效管理机制的持续迭代与方向调整，达成预期绩效管理效果。

三纵即将目标从纵向上层层分解，包括组织目标、部门目标和个人目标。

①组织目标。组织目标指的是组织在未来一个时期内想要实现的目的，是组织成员行动的指南。

②部门目标。组织目标拆解为各个部门的规划与目标，横向拉通各部门。

③个人目标。团队目标拆解为个人目标，部门成员要将自身目标与部门目标对齐。

（3）绩效考核为终端。在进行绩效考核时，无论是组织、部门还是个人，都有历史数据做支撑，结果往往更加公平、公正。

绩效考核需要 OD 人员推进绩效管理工作，保证考核过程公开、透明，促使全员参与，让组织绩效体系真正在组织中发挥指挥官的作用。

8.2.3　采取行动：时刻保持沟通

时刻保持沟通可以促进组织内部的信息交流和知识互通，是提升组织绩效的关键。保持沟通有助于协调组织各部门间的工作，提高员工工作效率，增强员工之间的合作与团队精神。通过内部沟通，组织可以了解员工的需求和想法，更好地满足员工的工作需求和发展需求。在进行内部沟通时，相关人员应注意以下几个要点，如图 8-5 所示。

图 8-5　内部沟通应注意的要点

1. 沟通模式

沟通模式是影响内部沟通效果的关键因素。组织内部应该采取双向沟通的模式，即让信息的流动是双向的。在组织内部，员工应该拥有足够的权利和机会表达自己的看法和意见，而 OD 人员应该认真倾听员工的声音并给予积极回应。常见的沟通模式有口头交流、书面文件、电子邮件和社交媒体等。

2. 沟通技巧

良好的沟通技巧有助于提升沟通效果。OD 人员在与组织成员沟通时，应该学会正确地传达信息，例如，使用正确的语气、口吻和措辞，表达自己的观点和想法。OD 人员需要为组织提供沟通指导和反馈，并且要学会正确处理人际关系方面的问题。

3. 沟通态度

OD 人员与组织成员应在沟通过程中始终保持积极的态度，相互尊重，避免使用攻击性、讽刺性的语言。OD 人员要学会理解组织成员的观点和想法，帮助组织成员解决问题。

除了以上 3 个要点，OD 人员在与员工沟通时，还应注意鼓励员工提出问题和意见，以更好地了解组织中存在的问题。当然，组织中也存在不善于沟通和表达的员工，组织应该向员工提供必要的培训和指导，教会他们如何更好地进行内部沟通。此外，数字化技术能够为组织内部的高效沟通提供技术支持，OD 人员应协助组织建设数字化沟通渠道。

组织内部沟通有时会遇到一些阻碍，如信息缺失、时间不足等。

OD 人员应该在与员工沟通前做好充足的准备，以尽可能地减少阻碍，确保信息流通和沟通顺畅。

8.2.4　持续改进：复盘迭代是有效手段

组织复盘迭代是一种持续改进组织管理体系，不断提高组织绩效的有效方式，定期复盘迭代能够帮助组织更好地适应市场变化。在进行复盘迭代时，OD 人员应该帮助组织建立良好的反馈机制，分析问题产生的原因，制订改进计划，推进计划落地。

组织可能有成功或失败的经历。成功的经验可以帮助组织不断向前发展，而失败的经验也非常珍贵，它可以帮助组织避免发生同样的错误。通过复盘迭代，组织可以总结经验教训，以更加清晰地了解自身的实际情况。

在复盘迭代的过程中，组织要深入分析各个环节，找出问题发生的根本原因，制订改进方案。改进方案需要具备可行性，包括预期效果和实施方案。改进方案的实施需要有明确的时间表和责任人，也需要有规范的监督和测评机制。

制订出改进计划后，需要有专人负责执行计划。改进计划需要得到实践检验和优化，确保达到预期效果。如果出现问题，需要及时调整，并重新制订改进计划。

复盘迭代可以协助组织总结组织运行中存在的问题，通过不断优化组织架构和运转流程，提高组织绩效和运营效率，为组织的长期发展提供有力支持。

8.3 学会激励，提高组织绩效

员工的信心和积极性直接影响其工作效果，间接影响着组织绩效。因此，要想提升组织绩效，OD 人员就要注意给予员工工作和能力上的肯定和激励，让员工更愿意、更努力地为组织创造价值。

8.3.1 物质激励与精神激励双管齐下

激励的方式主要有两种，分别是物质激励与精神激励。在组织管理中，物质激励与精神激励相结合往往能够发挥出更好的激励效果。

1. 物质激励

物质是人们生存的基础，物质激励是激发员工工作积极性的重要手段。许多企业的工资制度与绩效考核紧密结合，就是出于对物质激励的重视。物质激励的方式多种多样，OD 人员可以结合组织的具体情况设置不同的物质激励方式。同时，在对员工进行物质激励时，OD 人员必须重视物质激励的公平、公正，只有公平、公正的物质激励才能有效发挥其对员工的激励作用。OD 人员可以采取的物质激励措施，如图 8-6 所示。

图 8-6　物质激励措施

（1）提高浮动工资。将物质激励和绩效薪酬结合在一起是很多企业普遍采用的一种物质激励手段。这种激励方式易于操作，但是如何充分发挥绩效的激励作用，是 OD 人员需要认真思考的。提高员工的浮动工资，让员工的奖金比工资更丰厚，能够有效激发员工工作的积极性。

某科技公司在进行薪酬调整时，为了激发员工的工作热情，提供了员工的浮动工资。OD 人员将员工的基本工资控制在合理的范围内，同时，薪酬包含的其他部分通过浮动奖金来补充。浮动奖金与员工的业绩挂钩，只要员工的绩效达标，员工就可以全额获取这笔浮动奖金；如果员工的绩效未能达标，员工的奖金也会大幅缩水。

（2）颁发专项奖励。颁发专项奖励是一种十分有效的激励方法。OD 人员可以在和企业管理者协商一致的情况下，设置一些针对特定项目或任务的专项奖励，作为组织内部的一种增量物质激励。奖励的形式可以是现金、绩效加成、实物、虚拟奖品等。

OD 人员可以和企业管理者协商，根据企业发展战略，给重点攻关项目、创新成就、团队成就、运营提升等设立不同金额的专项奖励。以创新成就奖、团队成就奖、运营提升奖为例，这几个奖项的评定标准如下所示。

①创新成就奖：行业内重大的技术突破；发表行业内前瞻性的学术论文；产品被认定为"创新产品"。

②团队成就奖：参与有重大意义的团队协作项目，并成为团队中的标杆；建立对组织业绩有推动作用的团队文化，并落实为团队行为。

③运营提升奖：采取了显著提升组织运营绩效的措施（如流程优化、管理提升）。

（3）设置福利。员工福利是物质激励的重要表现形式，巧设福利不仅能够激发员工的工作热情，还能够增强员工对企业的归属感。OD人员在设置员工福利时，有很大的自由选择空间。常见的员工福利包括以下几种。

①住房贷款利息给付计划。住房贷款利息给付计划即员工在向银行申请住房贷款后，在一定的额度和年限内，企业会逐月支付贷款部分的利息。

②医疗及有关费用的报销。一些效益良好的企业会为员工提供医疗费用全额报销的福利，这些企业多为成立年限较短、员工较为年轻的成长型企业。

③带薪休假。带薪休假也是许多企业设置的主要福利，带薪休假的期限通常与员工的工龄有密切的关系。

④教育福利。一些企业会设置一些教育福利，比如，为员工支付部分接受在职教育和学位申请的费用，为员工提供非岗位培训等。

2. 精神激励

精神激励能够激发员工的工作乐趣，提高员工的自信心，促使员工充分发挥工作积极性和潜能。OD人员可以采取的两种精神激励措施，如图 8-7 所示。

图 8-7 精神激励措施

（1）荣誉激励法。荣誉激励是一种有效的精神激励手段。在具体的操作上，OD 人员可以把员工的工作表现与晋级、选模范联系起来，并以一定的形式标定下来，对员工进行表扬、奖励。荣誉可以成为鞭策员工保持良好业绩或行为的力量，还可以对其他员工产生感召力，激发其他员工为获得荣誉而努力，能够产生较好的激励效果。

对于一些工作表现突出、具有代表性的优秀员工给予精神奖励，是很好的激励方法。精神激励能够体现出企业对优秀员工的尊重。同时，团队获得的荣誉能够提升团队成员的集体荣誉感和团队精神。

很多企业都使用荣誉激励的方法对员工进行精神激励，如在公司大厅等场地设置荣誉墙、在会议上对优秀员工予以表扬等。这些行为都会增强员工的荣誉感、自豪感。

为了更好地发挥荣誉对于员工的激励作用，OD 人员可以建立荣誉激励体系，优化激励机制、竞争机制。体系的建立、机制的优化可以引起员工对于荣誉的重视，也能保证荣誉激励的公平、公正。荣誉激励能够通过员工对企业的认同感和归属感，引导员工树立与企业共同发展的理念，从而推动企业持续发展。

（2）榜样激励法。OD 人员在对员工进行精神激励时，也可以采用榜样激励的方法。榜样的力量是 OD 人员不能忽视的，榜样可以感染、激励、号召、警醒其他员工，使其在榜样的带动下做出更好的行为。

如果 OD 人员在树立榜样时没有使用正确的方法，那么榜样的激励作用将会大打折扣，难以实现预期的激励效果。OD 人员如何做才能更好地发挥榜样的激励作用？参考以下几点。

①选择的榜样与员工要有共性。OD 人员要注意选择与员工的经历相似，并与员工有共性的人物作为榜样。榜样与员工有共性，员工才更乐于学习榜样的行为。同时，OD 人员要为各部门、各岗位设立不同的榜样，使不同岗位的员工都有要学习、超越的对象。

②要树立真实的榜样。OD 人员选择的榜样必须是真实的，即榜样也是存在缺点的，并不是完美的。一个被其他员工认可的，思想进步、工作出色的员工就可以成为榜样，榜样不可能没有缺点。真实的榜样才能激起其他员工向其学习的欲望，才能让其他员工信服。

③衡量榜样要有科学的标准。OD 人员在思考一个员工能不能成为榜样时，应更侧重于其对企业的贡献，而不仅仅是思考其是否具有勤俭、刻苦等品格。

8.3.2　奖惩适度，关注绩效结果

OD 人员在组织管理中要注意奖惩适度。若奖惩无度，小功大奖，则无法实现真正的奖励意义；若大功小奖，则达不到应有的激励效果，以致挫伤员工积极性。适度的奖励能够鼓舞人心，必要的惩戒能够让员工更加自律。

为了使绩效考核具有激励性，OD 人员需要将员工的绩效与其薪酬相关联，同时将员工的绩效与其职业发展挂钩，使员工的工作动力更足。

奖励为什么能够达到激励员工的目的？首先，如果员工了解到自己的努力与绩效和奖励存在密切联系，其就会付出更多努力。其次，

奖励是用于奖励优秀的工作绩效的，这样的认知会激发员工产生自豪感，从而激励其保持良好绩效。

但是绩效考核不能只有激励，适当的惩罚也是必要的。无规矩不成方圆，必要的惩罚体现了企业严格的管理，严格的管理会推动企业的发展。在员工绩效不达标时，OD 人员要按绩效考核的规章制度惩罚员工，以鞭策员工努力工作。

惩罚是一种负强化手段，与奖励这一正强化手段是共生的。它可以纠正各种非期望行为，保护大多数员工的积极性和主动性。OD 人员要建立科学的激励机制和约束机制，为奖罚提供依据。

第9章
人才管理：为组织提供高素质人才

人才管理是 OD 管理中的一项重要工作。人才是组织发展的重要支柱，OD 人员要根据企业发展战略和实际情况明确人才标准，并通过适当的测评了解人才能力。同时，OD 人员也要树立科学的人才观，为人才架起"成长阶梯"，打通人才发展通道。

9.1 胜任力模型：明确人才标准

要想充分吸纳高素质人才，企业需要明确人才标准。而胜任力模型就是人才管理的一款得力工具，本节将围绕如何构建胜任力模型展开论述。

9.1.1 构建胜任能力模型：归纳法＋演绎法

在人才管理的实践中，员工胜任力一直是一个重要的话题。而构建一套完善的员工胜任力模型，是 OD 人员在人才管理方面的核心工作之一。构建胜任力模型常用的两种方法，分别是归纳法和演绎法。

1. 归纳法

归纳法指的是根据实际数据和经验，总结出一般规律的方法。OD人员在运用归纳法构建员工胜任力模型时，可以遵循以下步骤。

（1）收集数据：收集现有员工的胜任力数据，具体可以通过面谈、问卷、观察等方式进行收集。

（2）分析数据：对收集到的数据进行分析，例如，对员工的技能、知识、能力进行分类统计。

（3）总结规律：总结出员工胜任力的一般规律，如员工的某项技能达到一定水平，就能胜任某个职位。

（4）构建胜任力模型：根据总结出的规律，构建出不同职位的胜任力模型。

归纳法的优点在于从实际情况出发，具有科学性和客观性，但也有缺点，如过度归纳、样本不够典型等。

2. 演绎法

演绎法指的是通过假设、推理和证明，从一般原理中推得具体结论的方法。OD 人员在运用演绎法构建员工胜任力模型时，可以遵循以下步骤：

（1）确定企业业务目标：OD 人员应确定企业目前及未来几年的业务目标，包括市场份额、产品质量、营收等方面。

（2）分析业务需求：OD 人员需要根据业务目标分析业务需求，明确业务发展的方向，如通过升级产品扩大产品覆盖范围。

（3）了解市场竞争环境：通过了解市场上同类型企业的情况，OD 人员可以总结出员工胜任力的一般规律。

（4）构建胜任力模型：OD 人员应根据企业业务目标和业务需求，结合市场竞争环境，构建出符合企业实际情况的胜任力模型。

演绎法的优点在于从企业发展战略出发，结合企业未来的业务目标构建胜任力模型，但也有缺点，比如，需要占用更多的时间和资源、需要较强的策略规划能力。

无论使用归纳法还是演绎法，构建员工胜任力模型的关键都在于明确企业战略目标和业务需求，并根据实际情况进行模型的构建。在实际操作时，OD 人员可以权衡这两种方法，选用最符合企业实际情况的方法来构建员工胜任力模型。

9.1.2　基于 BEI 访谈法的胜任力模型构建

OD 人员可以使用 BEI（behavioral event interview，行为事件访谈）访谈法，通过精心挑选高绩效员工，并为他们定制一系列系统的面试问题来构建一个科学的胜任力模型。

BEI 访谈法是一种结构化面试方法，旨在筛选具有相关硬技能和软技能的候选人。在胜任力模型的构建中，BEI 访谈法可以帮助 OD 人员通过分析面试过程，了解员工应具备的技能和能力。通常来说，BEI 访谈法包括以下步骤：

（1）确定面试问题：OD 人员围绕员工技能、素质和发展前景确定面试问题。

（2）筛选员工：在大批员工中，精心筛选高绩效员工。

（3）进行面试：使用定制问题进行面试。

（4）分析面试结果：将面试结果可视化，用于构建胜任力模型。

以某传媒企业为例，该企业的 OD 人员发现，对于领导安排的重要任务，不同员工的完成程度各不相同，某些员工明显完成得更加出色。因此，该企业的 OD 人员决定采用 BEI 访谈法，以确定员工的胜任力，构建胜任力模型。该 OD 人员准备的面试问题包括：

（1）当需要完成重要任务时，您通常怎么做？请给出具体的例子。

（2）您如何优化工作流程以提高工作效率？

（3）请描述一项您认为最成功的任务，您如何与他人合作完成任务？

再如，Y 企业是一家建筑设计企业，因业务性质问题，该企业员工之间需要建立良好的合作关系。因此，Y 企业特别关注员工的人际关系和合作能力。在 BEI 面试中，OD 人员希望了解员工如何在复杂的环境中与他人合作，面试问题包括：

（1）您在团队（包括跨团队）中交流的方式是什么？

（2）您如何从他人那里获取反馈以提高您的绩效？

（3）请描述您如何解决与同事之间的冲突，以及如何通过合作来达到团队目标？

在面试结束后，OD 人员要分析 BEI 访谈结果以确定胜任力模型中的关键要素，其中一些关键胜任力要素包括工作能力、沟通能力、工作态度、责任心等。基于胜任力模型，OD 人员能够找到更适合企业的人才。

BEI 访谈法是一款强大、可靠的工具，其针对员工的日常工作表现开展针对性的访谈，为 OD 人员构建胜任力模型提供更加准确的依据。

9.2　人才测评：了解人才能力

　　人才能力是组织无形的财富，影响组织的整体效益。因此，人才能力成为 OD 人员选拔人才的重要依据，而人才测评是 OD 人员了解人才能力的主要方式。OD 人员要想更好地了解和分析人才能力，就需要掌握一些专业的人才测评理念和方法，以获得更加精准的评判依据，做出更加科学的判断。

9.2.1　测评原则：人才测评的五大原则

　　在选择正确的人才测评方法之前，OD 人员应先掌握人才测评的基本原则，以提升人才测评的科学性，实现更加精准的人才测评。人才测评的五大原则如图 9-1 所示。

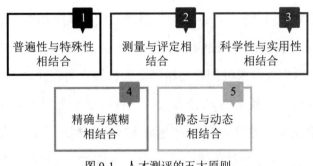

图 9-1　人才测评的五大原则

1. 普遍性与特殊性相结合

人才测评针对特定职位或岗位的人员展开，这就要求 OD 人员在制定测评标准和设计测评要素时，首先需要遵循测评的技术要求，其次需要充分体现职位或岗位的要求和特点。认真做好职务分析工作，是 OD 人员合理选择测评要素、提升测评效果的关键。

2. 测量与评定相结合

在人才测评过程中，定性的评定和定量的测量是一个有机的整体。具体表现为，测量是评定的基础工作，评定是测量的深化。没有客观、精准的测量，就没有科学、合理的评定；而离开了科学、合理的评定，测量也难以发挥作用。

3. 科学性与实用性相结合

OD 人员在进行人才测评时，应尽可能地保证测评过程的科学性，同时也应考虑测评结果的实用性。OD 人员应追求二者的协调，只追求测评的科学性，而忽视组织现有的应用条件和技术水平，可能会损耗大量的时间和精力。

4. 精确与模糊相结合

在人才测评过程中，OD 人员要坚持精确与模糊相结合的原则。因为有些测评要素是很难被准确衡量的，如员工的表达能力、员工的自我认知，所以应采取模糊测评与精确测评相结合的测评方法。

模糊测评可以细分为两种方式：一种是基于数学原理进行貌似模糊、实则更精确的测评；另一种是缺乏一定的精确性，但是要追求实用性。OD 人员应该在精确中融入模糊，在模糊中求精确。精确与模糊相结合的原则具体体现在测评要素的设计、测评标准的制定、测评方法的选择、信息分析的全过程中。

5. 静态与动态相结合

静态与动态相结合的原则具体体现在测评标准和测评要素的设计上，静态测评是以相对统一的方式在一定的时空条件下进行测评，静态测评不考虑测评过程的动态变化。动态测评指的是根据人才个人及环境的变化对人才进行长期的动态测评。人才的能力和素质可以在培训和实践中不断提高，因此，OD 人员可以对人才进行动态测评，了解人才的成长变化，为他们提供新的机会。有的测评要素适宜应用动态测评的方法，如人际关系处理能力、决策能力、团队合作能力等。

9.2.2　多种方法：笔试 + 面试 +360 度评估

人才测评是组织对员工进行评价的重要工具。它可以帮助组织更好地了解员工的能力和发展需求，进而进行更加精准的决策。常见的人才测评方法包括以下 3 种。

1. 笔试

笔试是一种传统的人才测评方法，通过主观题和客观题的形式对被测评者的知识和技能进行量化评估。笔试题目通常与所招聘岗位或员工需要具备的专业知识相关。笔试是一种标准化的测试，能够量化评估员工的技能和知识，其结果可以作为雇用人才和人才晋升的依据。但是，它的局限在于被测评者可能会因为紧张、没有提前复习相关理论知识而表现不佳，从某种意义上来说，笔试结果并不能完全反映被测评者的实际工作能力和工作表现。

2. 面试

面试是一种得到普遍应用的传统人才测评方法，常与笔试结合使用。通过面试，面试者可以更好地了解候选人的自我表达能力、沟通能力、综合分析能力。面试还可以帮助 OD 人员预知候选人和岗位的匹配程度、候选人的未来工作贡献等重要信息，以便 OD 人员更好地做出决策。但是，面试是一种主观性很强的人才测评方法，其结果容易受到面试者个人喜好、主观想法和经验的影响。

3. 360 度评估

360 度评估是一种多元化的评估方法，旨在从多方面了解员工的表现。它包括员工自我评估、领导评估、团队评估等多个方面。360 度评估可以全面地评估员工的表现、职业素养、工作态度、团队合作能力等。通过 360 度评估，OD 人员能够获得员工的自我评价，并获得更加完整和全面的评估结果。360 度评估的缺点在于，流程相对烦琐，同时可能存在个人偏见。

无论哪种评估方式，都有优缺点。OD 人员可以采用多种方法相结合的形式，对人才进行更加科学的综合评估。但 OD 人员也要注意，测评方法不宜过多或者过于复杂，否则很可能给被测评者带来过多压力，影响其能力水平的正常发挥。

9.2.3 案例分享：人才测评在组织中的应用

下面以 A 企业为例，讲述人才测评的具体实践。A 企业人才测评的对象为在岗员工，A企业根据自身实际情况筛选出与组织绩效相关的要素，并建立人才测评指标体系。

体系的建立主要分为两个步骤。首先，A企业对员工学历、工作性质、工作年限等进行调查，发现员工的工作大多为事务性工作，体力工作较少。因此，A企业剔除了身体素质要素，而后便针对各部门员工代表开展访谈，依据访谈结果确定人才测评指标，建立体系。

其次，在建立了人才测评指标体系之后，A企业采取笔试、面试相结合的方式进行人才测评。笔试主要测评员工专业知识和工作技能。为了提高测评的准确性，A企业还在笔试中引入了情景模拟测验法，让被测评者对实际工作中或模拟情景中出现的问题进行分析。笔试的最后一道试题为结合岗位本职工作写一篇建议书，以综合考核被测评者的工作能力。

在面试方面，A企业主要采用结构化面试方法，并通过非结构化面试辅助测评。A企业事先确定面试的题目和评分标准，在面试过程中，针对被测评者的实际情况，通过非结构化面试了解被测评者的信息。

如何确定一个合理的评定标准是A企业关注的问题。例如，笔试最后一道试题具有较强的主观性和开放性，不同阅卷人的评定标准不同，这时就需要有一个确定的标准，如对本职工作的了解程度、建议可行性、是否有创新精神等。

A企业将被测评者的测评成绩反馈给管理层，作为人才配置及开发的依据。A企业还将测评成绩反馈给被测评者个人，作为员工进行自我评价的工具，为其提升绩效提供依据。

A企业的人才测评实践帮助其完善了人才管理体系，可以为其他企业的人才测评提供借鉴和参考，为OD人员开展人才测评工作提供方法指引。

9.3 人才盘点：厘清企业人才账本

人才盘点已经成为很多成功企业的人才管理标配，逐渐内化为组织的重要管理流程。通过人才盘点，OD 人员可以了解企业人才现状，统计人才数量，评估人才质量。基于人才盘点，OD 人员可以更加科学地制订人才培养和人才发展规划，将对的人放在对的位置上。OD 人员应厘清人才盘点的思路，科学、高效地进行人才盘点。

9.3.1 开展人才盘点的四大步骤

OD 人员要想顺利地推进人才盘点工作，厘清企业人才账本，就需要探寻人才盘点的规律，遵循人才盘点的规范化步骤。

1. 开展组织盘点

组织盘点需要 OD 人员根据组织的发展战略和市场竞争状况，分析和思考以下问题：

（1）基于企业的发展战略，分析当前的组织架构、职位设计、职责划分是否合理，是否需要调整以及应该如何调整；

（2）从组织效率最大化方面来分析，组织架构是否存在不足；

（3）分析组织的机构设计是否存在业务或者职责的遗漏；

（4）分析管理层的规模与直接下属的规模及管理幅度是否合理；

（5）分析组织的生产效率和整体氛围。

2. 进行人才盘点

人才盘点就是对关键岗位的人才进行测评。人才盘点整体需要经过 3 个阶段，分别是建立素质模型、人才素质盘点评估和建立长效机制。

在第一阶段建立素质模型中，OD 人员要做好两件事情：一件是做好人员分类，另一件是做好员工素质访谈与素质分析。第二阶段的工作重点是进行人才素质盘点评估，评估要点有 3 项，分别是确定各类人才的评估要项、制定各评估要项的测评方法及评估题库、选择关键人才进行评估测试。第三阶段的主要任务是建立长效机制。在具体的实践中，OD 人员要制订人才素质盘点评估方案，建立关联机制，将评估结果与员工职业发展、员工培训、绩效管理结合起来。

3. 召开人才盘点会议

召开人才盘点会议是人才盘点的一项关键工作，OD 人员需要向企业管理者提出召开会议的申请并准备好汇报内容。人才盘点会议的参会人员一般包括企业管理者、各部门负责人和 OD 人员。根据会议内容，OD 人员需要与企业管理者及各部门负责人共同探讨并确定人才盘点之后的行动计划。

4. 推进行动计划落实

人才盘点的结果应转化为具体的人才发展规划。OD 人员需要根据人才盘点结果确定未来的行动计划，明确每一项工作的负责人、完成时间和检验标准。具体内容包括根据人才盘点结果，哪位员工应得到晋升和发展；轮岗计划如何安排；培训计划如何开展等。同时，OD 人员需要跟踪计划的实施效果，对关键的环节进行推动和跟进，以保证行动计划落到实处。

9.3.2　三大步骤助力关键人才识别

OD 人员需要具备人才识别能力，为部门和岗位匹配合适的人才，发挥人才效能。对于人才的识别，OD 人员具体遵循界定、反馈、绘制 3 个步骤。

关键人才的界定是其中最复杂的工作，包括绩效级别的界定、能力级别的界定和潜力级别的界定。人才绩效的衡量维度有多个，如对企业整体业绩的贡献、业务和技术的熟练程度、执行力、领导力、细节把控能力、责任心等。人才能力的衡量可以分为 3 个层面，分别是责任心、忠诚度和积极主动性。人才潜力的衡量可以从领导技能、时间管理、工作理念 3 个角度进行。

反馈既包括领导力发展的反馈，还包括集体反馈。领导力发展的反馈，尤其是中高层管理者和高潜力人才，OD 人员要极其重视。集体反馈的核心是 OD 人员要帮助在职员工培养与发展自我领导力，提升他们的绩效，激励他们与时俱进。

界定与反馈之后，OD 人员要进行绘制工作。绘制的主要内容是根据相应的数据绘制人才地图，明确继任计划。通过绘制人才地图，OD 人员能够建立起人才梯队，确定高潜力人才。之后，OD 人员能够分析高潜力人才适合的岗位，制订关键岗位的继任计划。这能够实现对高潜力人才的针对性培养，让企业在未来有人才可用。

9.3.3　规避误区，树立科学的人才观

掌握了人才盘点的步骤和方法后，OD 人员也要树立正确的人才观，避免陷入人才盘点的误区。

人才选聘中有 3 个常见的误区，分别是"唯学历""求通才"以及"重选举，轻培训"。

学历是鉴别人才的一个标准，但并非唯一的标准。OD 人员要学会判断与取舍，不能一味地追逐高学历人才，而是要兼顾人才的工作能力与创新思想。

许多 OD 人员争相招聘通才，认为这样能够为企业创造更大的价值。实则不然。常言道"术业有专攻"，通而不专的人才，往往不能在某一领域有很高的造诣。专业的人才在某一专业领域深耕，具备独特的技能和能力，能够为企业带来更大的价值。

此外，有些 OD 人员一心想招聘到优秀人才，使用复杂的筛选和考核做人才选拔，却忽视了人才培训的作用。由于不同的岗位有不同的要求，OD 人员要学会根据不同的岗位要求为人才提供系统的培训，以通过人才与岗位的适配度，做到人尽其才、人岗匹配。

9.4 人才发展：打通人才发展通道

组织需要为人才提供更加广泛的发展通道。这就需要 OD 人员努力汇聚人才的力量，给予人才充足的成长空间，不断壮大组织的人才梯队。

9.4.1 构建人才梯队，为人才架起成长阶梯

人才梯队建设作为人才管理的重要内容之一，是组织管理工作、业务顺利开展的强大的后备力量。OD 人员应聚焦人才队伍建设，持续优化人才结构，重视人才培养。

OD 人员需要根据人才盘点情况构建企业的人才梯队，在利用好现有人才的同时做好人才储备，当在岗人员出现变动时，能及时用储备人才实现人才的更新和补给。人才梯队的作用，如图 9-2 所示。

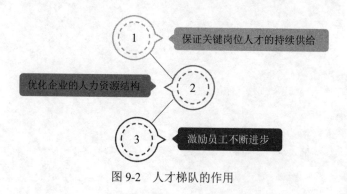

图 9-2 人才梯队的作用

1. 保证关键岗位人才的持续供给

关键岗位人才掌握着核心技术，能够指导企业运营，对各项事宜进行管理，在企业的生产经营中具有重要作用。关键岗位人才可能会由于升职、退休等原因出现变动，导致岗位空缺。而设计好企业的后备人才管理体系，能够确保关键岗位人才的持续供给，避免因为关键岗位人才空缺对企业持续发展产生消极影响。

2. 优化企业的人力资源结构

随着社会的进步和科技的发展，企业发展需要的知识、技能也在不断更新。而一些企业的一些关键岗位的员工没有学习新的知识、技能，难以继续胜任工作，这时后备人才管理体系能够较好地解决这个问题。企业可以在后备人才中选拔具有任职资格的人才补充到关键岗位上，不断更新岗位任职人员，使企业的人力资源结构日益完善。

3. 激励员工不断进步

科学的人才梯队能够为后备人才设计科学的职业生涯规划，能够使后备人才明确自身发展方向，并且能够通过职业生涯发展通道实现晋升。这能鼓舞员工士气，促使企业和员工共同成长。

要想搭建强大且坚固的人才梯队，OD人员就需要制定后备人才管理制度，具体包含4个方面：管理政策、培养计划、任职能力评价、薪酬管理。

第一，管理政策是后备人才管理制度的核心。其明确了哪些岗位需要准备后备人才以及人才储备数量，并在人才的发展路径规划方面为其提出指导意见。

第二，培养计划指的是对后备人才进行有针对性的培养，避免人才储备形式化。除了组织后备人才参加统一的学习培训外，OD 人员也可以通过职位轮换调动给予后备人才更多实践的机会，使其充分了解企业各岗位。

第三，任职能力评价指的是 OD 人员要结合后备人才的资格标准，对人才任职能力进行综合评估。OD 人员可以通过一系列对比分析，评估后备人才能够胜任什么岗位，并据此对其进行任用和调动。

第四，为了留住后备人才，企业需要推出针对后备人才的薪酬扶持政策，即企业需要考虑，哪些岗位的薪酬可以调高，后备人才在横向调动时是否需要调整薪酬等。

人才是企业发展的保障，人才梯队的建设及后备人才的成长能够推动企业的发展。要想充分释放人才价值，满足企业长期用人需求，完善的人才梯队必不可少。

9.4.2　引入事业合伙人制度，将人才绑定

事业合伙人制度是一种基于长期的利益共享和风险共担的合作关系，通常应用于中高层管理者和核心员工。

事业合伙人制度的核心理念是将员工视为企业的战略伙伴，将他们视为企业利益的一部分。在这种制度下，员工不仅可以分享企业目前获得的成果，还能分享企业未来发展的成果。这不仅可以激发员工工作的积极性，还可以吸引更多人才，为企业发展提供人才支持。

在人才绑定方面，事业合伙人制度是一种非常有效的手段。首先，该制度可以帮助企业建立稳定的人才队伍。通过事业合伙人制度吸引、培养和留用优秀的员工，企业可以壮大自己的核心团队，从而提高企

业的核心竞争力。其次，在事业合伙人制度下，员工与企业之间的关系更加紧密，这可以减少员工流失。由于员工认同企业目标，并能够分享企业未来发展的收益，因此他们更倾向于留在企业长期发展。

但是，仅实行事业合伙人制度是不够的。企业还需要制订完善的实施方案，以保障员工的权益和利益。企业可以采取一系列措施，促进事业合伙人制度成功实施，包括制定明确的合作协议、完善补偿机制等。

事业合伙人制度是一种非常有效的人才发展手段。通过此制度，企业可以建立稳定的人才队伍，提高核心竞争力，为企业的长远发展提供支持。

第10章
组织文化：增强企业凝聚力

企业凝聚力是一种无形的力量，它将企业中的所有成员都紧密连接在一起。企业凝聚力既是企业对员工的吸引力，也是员工对企业的向心力，更是企业与员工之间的相互吸引。企业要想增强凝聚力，就需要充分发挥组织文化的引领作用，增强员工的精神力量，实现员工和企业共同进步。

10.1　拆解企业文化

打造企业文化之前，OD 人员应从拆解企业文化入手。OD 人员需要了解企业文化的构成，了解企业在不同发展阶段的不同文化，同时也要注意规避打造企业文化的误区。

10.1.1　企业文化构成：精神文化 + 制度文化 + 物质文化

企业文化可以拆解为 3 个部分，分别是精神文化、制度文化和物质文化。3 种文化都是企业文化的重要组成部分，汇聚成企业的强大发展力量。OD 人员需要了解这 3 种文化的内涵与作用，全方位建设企业文化。

1. 精神文化

企业的精神文化包括企业的使命、愿景、价值观等。

使命指的是企业在经济社会中应扮演的角色、承担的责任。一般来说，使命不可能彻底达成，但可以无限接近。在建设企业精神文化时，OD 人员需要确定企业文化的使命，赋予员工使命感，让员工觉得自己在从事一项伟大的事业。

愿景可以理解成企业中长期明确的、可实现的目标。虽然愿景比较长远，但能够通过长期的努力实现。OD 人员在确定好企业的使命之后，即可制定企业的愿景，促使员工共同为实现这一愿景而努力。

价值观为企业树立整体的道德观念或工作准则，是企业必须坚守的底线。企业价值观必须积极向上，符合社会要求。企业价值观是企业所有成员判断事物的标准，良好的企业价值观一经确立便会长期稳定。

2. 制度文化

企业的制度文化主要是指企业的规章制度、道德规范、行为准则等，如员工手册、人事管理制度、财务管理制度等。建设制度文化需要 OD 人员帮助企业建立合理的制度体系。

制度体系是企业工作制度的总和，企业制度必须和企业文化保持高度的一致性。如果企业只依靠文化的软性约束管理员工，那么企业将空有情怀，缺乏纪律。制度的刚性约束可以增强企业的规范性，保证各个环节高效运行。在制度体系中加入文化因素，制度就可以充当企业优秀文化的载体，促使员工在日常工作中践行企业文化。

制度文化是企业文化的根本保障，OD 人员需要将企业文化落实到制度上，制定体现企业特点、展现企业文化的制度。例如，企业福利制度是企业文化的体现，OD 人员可以依据企业文化制定企业福利制度。

3. 物质文化

企业的物质文化指的是企业创造的产品和各种设施构成的器物文化，是一种看得见、摸得着的企业表层文化。物质文化主要包括企业的商标、建筑风格、工作环境、生产环境、产品设计、服装、刊物等。

具体来说，企业办公环境是冷色调还是暖色调、有没有茶水间和休息室、是否要求员工穿统一的服装等都是企业物质文化的体现。

OD 人员需要分析企业的物质文化是否符合企业的精神文化和制度文化，如存在与精神文化、制度文化相违背的地方，OD 人员就需要提出合理的改进措施，保证三者之间的统一。

10.1.2　企业文化在不同发展阶段的不同作用

企业文化在不同发展阶段具有不同的作用，由于企业发展的各个阶段各有其特点，因此，企业文化应该因时制宜，匹配企业的不同发展阶段，满足不同的企业发展需求。

企业文化是企业精神的支柱，反映了企业的价值观、行为准则以及管理制度。企业文化在企业管理中起着至关重要的作用，不仅影响着员工的态度、价值观、行为方式和工作效率，也影响着企业的长远发展。随着企业的不断发展，企业文化也会随之改变。企业所处的发展阶段决定了企业文化的不同发展方向和作用。

1. 初创阶段

在初创阶段，竞争激烈，企业面临各种挑战与困难。此时，企业文化起着规范员工行为、增强组织凝聚力的作用。在这一阶段，企业文化应当注重面向未来，注重市场导向，鼓励员工不断创新，保持敏锐的市场洞察力，对市场变化做出迅速的反应，提升企业核心竞争力，巩固企业发展的基础。

同时，企业文化在企业初创阶段也能够帮助企业打造品牌形象，满足员工和创始人的期望。因此这时的企业文化也应该着重强调团队合作、创新和激情，为员工提供平等、和谐、积极向上的工作环境。

2. 成长阶段

进入成长阶段的企业需要保持持续的发展，此时企业文化的作用在于增强员工的凝聚力和创新能力，加强内部协调。在这一阶段，企业文化应当注重对团队的培养，加强员工之间的交流与沟通，为员工提供良好的工作环境和发展机会，塑造不断进取、积极向上的企业文化氛围。

3. 成熟阶段

在成熟阶段，企业规模扩大，可能会在多个地区成立下属企业。而基于产品、地域等因素的不同，这些下属企业往往会产生自己的亚文化。在这种情况下，明确的核心企业文化能够为亚文化的发展提供指导，使亚文化与企业核心文化协调统一，保证整个企业的凝聚力。同时，核心企业文化也能够为文化鉴别提供依据，便于企业剔除与核心企业文化不相符的文化要素。

10.1.3　企业文化的误区

很多 OD 人员对企业文化的理解比较片面，导致他们的认知产生偏差。为了更好地规避企业文化的误区，OD 人员需要对企业文化建立清晰的认知。常见的企业文化误区，如图 10-1 所示。

企业文化就是老板文化

大多数人的价值观就是企业文化

企业文化就是统一员工的思想

建设企业文化后就可以一劳永逸

图 10-1 常见的企业文化误区

误区一：企业文化就是老板文化

很多 OD 人员认为，有什么样的老板，就有什么样的企业文化。诚然，企业的老板对企业文化影响重大，但这只体现在建设企业文化的过程中，体现在老板身体力行、展示企业价值观的行为中，而不是老板直接代表企业文化。

误区二：大多数人的价值观就是企业文化

很多员工因为有着相同的生活背景或际遇，所以对一些问题的价值判断一致。同时，如果员工一起工作的时间较长又有相似的世界观，就很容易有一致的价值观。这种价值观并不是企业文化的价值观，而是员工自己的价值观，不能认为大多数人的价值观就是企业文化。

误区三：企业文化就是统一员工的思想

企业文化不是要统一员工的思想，如果员工思想统一就会导致工作僵化、缺乏创新。企业文化需要统一的是员工的行为，只有统一的行为才会形成凝聚力。员工在思想上可以独立判断、创新思维，但是在行为上必须符合企业的理念和宗旨，体现企业的价值取向。

误区四：建设企业文化后就可以一劳永逸

优秀的企业会不断更新企业文化，维护企业的核心价值观，并不是建设企业文化后就可以一劳永逸。企业文化必须符合市场环境变化的趋势，这就要求企业文化要不断更新，保持开放。

OD 人员对企业文化的认知的误区，使得他们在管理实践中遇到很多问题。要想建设良好的企业文化，OD 人员就要规避以上误区，建立正确的企业文化认知。

10.2　OD 人员的新身份

OD 为组织管理提供了新视角、新方法，随着 OD 在企业中的不断深入应用，OD 人员在组织中的角色和身份也发生了变化。本节针对文化解读者、价值观塑造者、文化变革引领者 3 个 OD 人员的新身份展开论述。

10.2.1　文化解读者: 解读企业各种文化

OD 人员作为企业文化的解读者，需要具备深入了解企业各种文化的能力。企业的文化主要体现在价值观、信念、语言、符号、礼仪等方面。OD 人员应当考虑不同员工对企业文化的理解程度和反应，在制定企业战略和规划过程中，对文化进行解读，为企业提供专业的建议。

OD 人员不仅需要了解和解释企业文化，还需要对潜在的文化障碍进行分析和处理。企业文化的形成离不开企业的发展历史、所处行业、地域等不同的因素，这些因素会影响企业文化的特征和内涵。因此，在进行企业文化解读时，OD 人员需要识别可能出现的文化障碍，并有针对性地采取改进方案。通过这样的工作，OD 人员可以帮助企业建立一个更好的文化基础，并提高员工的认同感和团队凝聚力。

作为企业文化的解读者，OD 人员还可以协助企业建立有效的沟通渠道，以确保信息的流动和共享。企业文化可以通过信息与知识的共享得到传播。OD 人员可以借助解读文化的机会，打造内部沟通平台，以提供高质量的信息和知识资源。通过沟通交流，团队成员可以共享文化观念和体验，从而增强对企业文化的认同。

最后，OD 人员还可以将优秀的企业文化融入品牌建设中，以完善企业形象，吸引更多优秀人才。品牌通常反映了企业的核心价值观和文化特征，OD 人员可以在品牌建设方面充当策划者、顾问和执行者的角色。

OD 人员在企业文化解读方面扮演着至关重要的角色。他们可以帮助企业构建符合企业特点和实际情况的文化框架，促进员工对企业文化的理解和认同。这样不仅可以增强企业的市场竞争力，而且可以增强员工的忠诚度和归属感。

10.2.2　价值观塑造者：流程化塑造企业价值观

良好的价值观能够指导企业决策，拉近员工与企业的距离，提升团队凝聚力和创新能力，有效地促进企业可持续发展。OD 人员塑造企业价值观的流程，如图 10-2 所示。

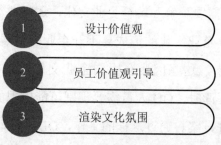

图 10-2　OD 人员塑造企业价值观的流程

1. 设计价值观

企业价值观应该具体、简洁、有较强的可操作性。不同的企业，价值观因特定的管理需要而有所不同。OD 人员可以通过与企业领导层及员工群体的讨论与互动，形成统一的价值目标，如"团队协同，追求卓越"，从而为企业的价值观建设提供一个合适的方向。

2. 员工价值观引导

有了明确的塑造企业价值观的方向后，OD 人员可以通过培训、研讨、案例分析等方式，让员工了解企业的价值观，并在工作中熟练地使用这些价值观，最终形成一种符合企业文化的行为规范，将其内化为员工行为。

3. 渲染文化氛围

OD 人员应该营造一个与价值观相符合的文化氛围。OD 人员可以通过服务员工、改善员工工作环境等，帮助员工树立积极、向上的心态。文化氛围的营造也体现在一些细节上，如墙上的海报、办公室的装修风格、员工休息间的布置等。这些细节可以促使员工在心中对企业形成情感上的认同，从而更容易实现价值观的落地。

总之，在价值观塑造方面，OD 人员致力于将价值观转化为一种能持续激励员工，使员工做出正向行为的文化力量，以增强员工与企业之间的联系。

10.2.3 文化变革引领者：设计完善的文化变革方案

文化变革的目标是使组织能够更好地适应外部环境的变化，提高组织绩效和创新能力。OD 人员作为文化变革的引领者，可以通过以下方式帮助企业设计完善的文化变革方案。

OD 人员需要制定明确的变革目标和战略，并将变革目标与企业的业务目标相结合。变革目标和战略应当是实用的、基于客观的和可量化的。OD 人员需要分析企业文化现状，通过多角度的调查研究，识别阻碍变革的因素，进而制订出解决方案，以更好地打破阻碍。

在制定变革战略的过程中，OD 人员可以向管理层和员工介绍新的想法和概念，以展现文化变革的价值。企业可以设立专门的文化变革团队，OD 人员可以帮助文化变革团队明确变革的目标，制订并推进长期变革计划。在变革计划推进的过程中，OD 人员应监测和评估变革的进展，根据反馈不断改进、完善变革方案，并通过持续的培训和文化宣传，帮助员工更好地融入文化变革。

文化变革是企业发展的必然趋势，文化变革成功的关键在于策略、规划和方法的合理使用和有效监测。OD 人员在设计组织文化变革方案中发挥了至关重要的作用，在文化变革的过程中，OD 人员应该加强和企业高层管理者的合作，充分利用自身的专业知识和技能，推动组织文化变革的顺利进行。

10.3 企业文化落地的五大途径

在建设好企业文化后，如何推进企业文化更好地落地是 OD 人员需要关注的重点问题。企业文化落地是全方位、多层次的，OD 人员需要将企业文化融入企业日常事务中，推动企业文化加快落地。

10.3.1 招聘环节：寻找具有相同价值观的员工

OD 人员要选择与企业价值观相同的人。价值观统一更有利于组织内部合作，也能够使合作更加持久。然而，如果价值观相背，组织成员在合作的过程中就很容易产生矛盾。

在招聘时，OD 人员不仅要关注求职者的学历、资历，还要关注求职者的价值观，价值观相同是招聘的硬指标。具体而言，OD 人员在招聘员工时，可以设置合适的问题以了解求职者的价值观。通过求职者给出的答案，分析其与企业所倡导的价值观是否匹配。

例如，OD 人员可以询问求职者以下问题。

（1）你认为一个企业能够生存的最根本原因是什么？ 这个问题可以用于分析求职者是否意识到客户才是企业生存的根本，没有客户的支持，企业难以生存，更无法发展。

（2）根据你过往的经历，你认为什么行为对团队合作不利？你认为该如何解决这一问题？根据求职者给出的答案，OD 人员可分析其在处理问题的过程中是否展现了正确的价值观。

（3）在你过去的经历中，有哪些和他人合作取得成功的案例？ 在求职者讲述案例的时候，OD 人员可判断其与他人合作的能力，同时需要询问在合作不畅时，他是如何做的，以判断其价值观。

衡量一个求职者是否符合录用标准，学历、经验等硬指标的确十分重要，但 OD 人员也不能忽视了对求职者价值观的考察。招聘到和企业价值观一致的员工，才能更好地推动企业文化落地，增强企业的凝聚力。

10.3.2　培训环节：通过文化培训增强组织文化凝聚力

员工入职培训是向员工宣传企业价值观的有效方法。一些大企业在员工入职后会及时开展企业价值观培训，使员工了解企业的发展历史和文化，传达企业的愿景和价值观，提高员工对企业的认同感。同时，这些企业也会对员工进行职业道德培训，让员工了解在企业价值体系中哪些事情是被提倡的，哪些事情是明令禁止的。

OD 人员在对员工进行企业文化培训时，需要系统地向员工讲解企业的文化理念和核心价值观。同时，OD 人员也需要对企业的愿景、发展战略、年度运营规划、经营理念等进行清晰、详尽的阐述。

某广告企业在对员工进行企业文化培训时，讲述了企业在成立初期经历的一些成功与失败，并引申出对"创意"的探讨、对自我塑造的探讨。而员工在分享经验时，讲的不是该如何努力工作，而是工作中及与同事相处中的趣事。该企业这样安排的目的是营造一种年轻的、活泼的氛围，使员工认同企业的文化和价值观。

在进行企业文化培训时，OD 人员要注意激发员工的使命感，激发其为实现个人价值、企业价值而努力工作。当员工把企业发展目标当作自己的使命去努力实现时，企业才会有更加强大的生命力。这样一来，员工在践行企业价值观、完成企业目标的同时也实现了自我价值。

此外，为了提高员工对企业价值观的认同感，OD 人员也可以让员工参与到企业建设中来。这能够提升员工的主人翁意识，提高其对企业的归属感。

10.3.3　考核环节：将价值观与绩效考核相结合

员工绩效考核是推动企业文化加快落地的重要环节，OD 人员可以将价值观融入绩效考核中，使员工更加重视对企业文化的理解和学习。

价值观逐渐成为企业划分员工层次的重要标准。价值观是员工日常处事的行为准则，决定了员工遇到问题时会产生什么想法以及做出什么行为。个人价值观与企业价值观相契合的员工在遇到问题时会做出对企业有利的选择；个人价值观与企业价值观相背离的员工在遇到问题时往往只考虑自己的利益而忽视企业的利益，使企业遭受损失。

为了引导员工形成正确的价值观，加强企业文化建设，OD 人员有必要将企业价值观融入绩效考核中。OD 人员要做好企业价值观的顶层设计，明确企业价值观是什么。例如，某国际知名企业的价值观体系包括以下几个要点：

（1）客户第一、员工第二、股东第三。

（2）因为信任，所以简单。

（3）唯一不变的是变化。

（4）今天最好的表现是明天最低的要求。

（5）此时此刻，非我莫属。

（6）认真生活，快乐工作。

为了对价值观进行考核，OD 人员要将企业价值观量化为具体规范，并制定评分标准，同时需要明确价值观的考核方式，根据考核结果对其进行分类，并进行有针对性的管理。OD 人员要为每一条价值观设定详细的行为描述，将行为描述作为考核价值观的标准，将员工的表现与价值观的行为描述做对比，符合的得分，不符合的不得分。

此外，OD 人员需要将绩效考核与奖惩制度相结合，如对绩效优秀的员工进行嘉奖，对绩效差的员工提出批评等，以此激励员工改善不符合企业价值观的行为。

10.3.4　薪酬环节：设计符合企业文化的薪酬体系

将企业文化融入薪酬环节有利于企业文化落地，因此，OD 人员应设计出符合企业文化的薪酬体系，建立具有企业文化特色的薪酬制度。

以某传媒企业为例，该企业处于初创期，因此其创始人提倡创新、拼搏的企业文化。根据这一企业文化，OD 人员为员工设计了灵活性更强的宽带薪酬体系。

宽带薪酬是一种薪酬浮动范围较大、薪酬等级较少的薪酬模式，打破了传统薪酬体系中职位等级的观念，强调员工个人的绩效水平和能力。宽带薪酬模式可以解决优秀员工的工资上限问题，有利于员工职业生涯的发展，能够激发员工积极创新、努力拼搏。

该企业的 OD 人员在设计宽带薪酬体系时主要有以下几个流程：

（1）确定宽带的数量。

（2）根据不同工作的性质、难易程度等因素确定宽带薪酬的浮动范围。例如，对于某技术岗位，根据员工能力的高低，薪酬浮动在 2500 ～ 6000 元 / 月。

（3）宽带内横向职位可轮换。

（4）做好任职资格的评定工作。

宽带薪酬体系有效地激励了员工，与员工的价值观和企业价值观相契合，同时也体现了企业文化。

10.3.5　企业活动：通过丰富的活动践行企业文化

活动的参与感能够激发员工的主人翁意识，给员工留下深刻的印象，因此，举办活动是一种非常有效的践行企业文化的手段。企业文化是企业核心价值观、行为准则和管理方式的综合体现，而活动能够加深员工对企业文化内涵的理解和认同。

企业举办的一些有意义的活动，能够增强员工的归属感和荣誉感，从而潜移默化地传递企业文化。常见的企业活动如图 10-3 所示。

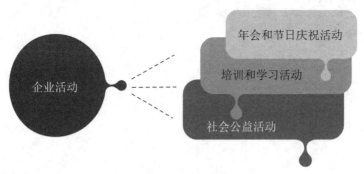

图 10-3　常见的企业活动

1. 年会和节日庆祝活动

年会和节日庆祝活动是企业文化宣传和传承的重要载体，也是增强员工归属感和荣誉感的重要手段。通过年会和节日庆祝活动，员工可以充分感受到企业的文化和氛围，同时也可以增强员工与企业之间的互动和信任度，从而增强组织凝聚力，形成良好的企业氛围。

2. 培训和学习活动

培训和学习活动是提高员工素质和技能的有效途径，也是企业文化传承和发展的重要手段。在开展培训和学习活动时，OD 人员可以通过丰富的教学内容和教学形式，让员工更好地理解和掌握企业文化的内涵，提高员工文化素养。

3. 社会公益活动

社会公益活动是企业履行社会责任、强化企业文化的一种活动形式。企业可以通过参加慈善活动、捐款、志愿服务等方式，实现企业价值观和社会责任共同体的有机融合，从而深化并升华企业文化在员工心中的价值。

第11章
组织能量：构建具有
安全感的组织氛围

组织能量是组织发展的内在驱动力，间接影响组织运行效益。组织能量越高，组织氛围的安全感就越高。因此，OD 人员要充分汇聚组织内部各层级、各岗位员工的能量，营造和谐的组织氛围，推动企业进化。

11.1 组织能量推动企业进化

组织能量作为企业发展的助推器，能够提升组织运行效率，破解组织内的沟通障碍，建立高度信任感，增强组织的凝聚力和竞争力。

11.1.1 提升组织运行效率

组织能量影响着组织的运转和发展，对于提升组织运行效率具有重要意义。研究发现，组织能量的提升可以改善组织文化，提升员工士气，提高员工工作动力和效率，推动组织长远发展。

首先，组织能量有助于改善组织文化。当组织能量较高时，这股能量能够更好地凝聚组织成员思想，使组织成员更容易接受和支持组织文化。同时，组织能量和良好的组织文化可以吸引和留住优秀的人才，促进组织实现长远发展。

其次，组织能量有助于提升员工的士气。当员工精力充沛、士气高涨时，他们会更积极地投入工作，创造更大的价值。员工士气高也促进了前瞻性思维和创造性思维的形成，进而提高组织的创新力和竞争力。

再次，组织能量可以增强员工的工作动力。组织成员的能量和动力是相互关联的。当组织成员的动力水平提高时，他们更有可能为组织的目标和愿景而奋斗。这不仅提高了员工的工作满意度，还为组织的持续发展注入了新的动力。

最后，提升组织能量可以提高组织整体的工作效率。高能组织可以更好地管理人员、技术等资源，使每个成员都能以最佳状态投入工作，实现高质量、高效率的工作。

11.1.2　破解组织内的沟通障碍

沟通作为一种提升组织能量的重要方式，能够促进组织内部人员之间的信息互通和协作效果，从而提高组织的创新能力、反应灵活性和生产效率。

沟通障碍是指会影响沟通效果的各种不良因素，包括信息传递障碍、语言表述不当、知识经验的局限等。沟通障碍会增加组织内部沟通的复杂性和困难度，使组织能量流失、创新停滞、各种问题爆发。沟通障碍的成因主要包括以下几点。

（1）难以理解的信息：信息表述不清晰或过于复杂，容易降低沟通质量。

（2）缺乏有效的沟通机制：组织内部缺乏沟通、交流的机会和形式，成员缺乏沟通意识。

（3）语言障碍：语言不通、不标准，语言中存在错别字词，都可能造成信息传递有误，从而影响信息传递的及时性和准确性。

（4）沟通渠道欠缺：组织内部没有建立一个沟通平台或者信息传递技术不发达。

OD 人员可以通过以下途径破解组织内部的沟通障碍。

1. 加强沟通技能的培训

对组织内部各个层面的员工进行沟通技能培训是一种有效地打破沟通障碍的解决方案，可以有效地增强员工的沟通能力和沟通意识，提升组织内部的沟通效果。

2. 设计沟通对话实践

设计沟通对话实践可以加强组织内部员工之间的信任和理解，从而在开放的环境中实现有效的沟通。

3. 通过技术手段增强沟通效果

技术的进步为组织内部的沟通提供了新的解决方案，如社交网络、在线会议、视频会议、即时消息等，综合运用这些技术手段可以增强组织内部的沟通效果。

11.1.3　建立高度信任感

员工之间相互信任能够创造更好的工作环境，获得更高的工作效率。如何才能建立组织内部的高度信任感？OD 人员需要注意以下 3 个要点。

1. 珍视员工之间的沟通

良好的沟通能够加深员工之间的了解，使员工关系得到改善，增强员工对彼此的认同和信任。例如，在一个新项目开始时，项目成员可以通过沟通了解彼此的成功工作经验、以往工作中的成就、对项目的见解等，在加深彼此了解的同时，提升彼此的信任感。

2.尊重组织中每个人的观点

组织内部员工的意见和想法是非常重要的，OD 人员应该允许员工尽可能参与到组织决策中来，给予员工表达自己或发表想法的机会，适当地采纳员工的合理建议，使员工感受到自己被关注、信任和接纳。

3.坚持公平公正的原则

想要在组织内部建立高度信任感，OD 人员和组织领导者在管理中就要坚持公平公正的原则，以员工的共同利益作为落脚点，平等对待每一位员工。OD 人员和组织领导者要意识到平等比权威更重要，没有平等，就没有权威，更没有信任。

11.1.4　增强组织的凝聚力和竞争力

为了提高企业的生存和发展能力，企业需要具备强大的凝聚力和竞争力。凝聚力和竞争力是提升组织价值、驱动组织创新、实现组织可持续发展的重要因素。

首先，企业凝聚力是企业员工围绕共同目标愿意付出共同行动的驱动力。它是衡量组织内部秩序和协作能力的重要指标，对于组织发展有极强的推动作用。

在形成凝聚力的过程中，OD 人员需要从人力、物力、财力等方面入手，培养员工的团队意识、协作精神和责任心，激发员工的工作热情和创造性，提高员工的执行力。与此同时，OD 人员还应该完善组织管理制度，规范企业的内部管理，减少管理层面的矛盾，提高管理层的决策质量，形成共同的工作理念和价值观。

其次，竞争力是提升组织能量的重要保障。竞争力是企业在市场竞争中占据优势地位的能力。具有强大竞争力的企业，能够有效地应对市场变化和信息变化，及时调整经营策略和营销策略，提高产品和服务质量，使其在市场上具有更高的地位和价值。

因此，凝聚力和竞争力是组织能量的关键组成部分，OD 人员应该重视这两方面能力的培养和提升，帮助企业增强组织发展能力和适应时代发展的能力。

11.2　提升组织能量，营造和谐氛围

要想建立一个充满能量的组织，OD 人员应该帮助组织营造一个和谐的氛围，包括平等开放的工作环境、试错机制、合作共赢的协作机制和人性化的管理制度等。组织是否有一个良好的工作氛围不仅关乎着组织能量的提升，更关乎着组织效益的创造。组织能量的作用不容忽视。

11.2.1　建立平等、开放的工作环境，赋能个体

OD 的目标是使组织实现可持续发展，而要达到这个目标，就需要建立一个平等、开放的组织环境。这种组织环境的特点是：员工能够自由地表达自己的观点和想法，能够建立良好的人际关系，能够平等地参与组织的决策和管理。只有这样，员工才会更加认同组织文化，更有归属感，从而为组织做出更多贡献。

在平等、开放的组织环境中，员工能够更自由地发挥个人的潜能和能力，从而更好地实现自我价值。这样的组织环境可以激发员工工作积极性，将员工变成组织的主人，提高员工的创新能力。建立平等、开放的工作环境的 3 个要点，如图 11-1 所示。

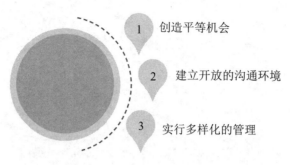

图 11-1　建立平等、开放的工作环境的 3 个要点

1. 创造平等机会

要想建立平等、开放的工作环境，OD 人员就应该协助组织领导者在组织内部创造平等的发展机会，避免员工因为性别、年龄或其他因素而受到歧视。同时，在招聘过程中，OD 人员应该坚持以能力、经验和潜力为依据来评估求职者，为求职者创造一个平等竞争的求职环境。此外，在员工晋升方面，OD 人员和组织领导者也应该遵循公平、公正的原则，确保每个员工都有机会实现自己的职业目标。

2. 建立开放的沟通环境

平等、开放的工作环境离不开开放的沟通环境。开放的沟通环境可以促使员工自由地表达自己的意见，不必担心受到惩罚或者排挤。组织领导者可以借助必要的资源和工具，支持员工自由地沟通交流，如成立工作小组、打造线上沟通平台等。

3. 实行多样化的管理

组织在管理人才时应该更加注重人才的多样性，重视员工的多元化特征，创造一个包容不同教育背景、不同文化素养、不同才能的员工的工作环境，从而使每位员工都能得到关注与平等对待。

11.2.2 建立试错机制，允许员工在试错中创新

当下，越来越多的企业重视员工的创新能力。然而，想要激发员工的创新意识和创新行为，组织需要为员工提供一个开放、包容的创新环境。而建立试错机制，允许员工在试错中创新，是组织营造创新氛围的重要途径。

建立试错机制是指组织为员工提供一个可以在尝试新想法时犯错误、并从错误中学习的环境。其目的是鼓励员工勇于提出新想法、试错并不断改进，从而实现更好的创新和进步。

建立试错机制有利于企业形成创新文化，涌现更多创新实践。允许员工在工作中试错，能够让员工更好地学习、创新和成长。这种机制能够激发员工的创造力，开拓员工的思维，提高员工的工作热情和积极性，营造更加积极、和谐的组织氛围。

建立试错机制的难点不在于实践，而在于创建一种安全、包容、积极的工作氛围。如果组织无法提供这种氛围，员工就不会主动反馈和提出建议。

组织要鼓励员工提出自己的想法，允许员工犯错。在试验和实践中，犯错误不可避免。错误可能会带来不确定性，影响工作进度，但是杜绝错误将会扼杀员工的想象力和灵活性。

建立试错机制能够促使员工深入思考，提出创新性建议。同时，也可以创建更好的激励环境，让员工放开手脚去做事。但试错不是让员工冒险，而是帮助员工更好地组织、规划、在错误中学习，进而提高其工作效率和创新能力。

11.2.3 建立合作共赢的协作机制，加强团队合作

团队合作已经成为企业成长和发展的关键驱动力。一个成功的团队需要清晰的目标、专业的技能、有效的沟通、灵活的思维和合理的分工协作。建立一套合作共赢的协作机制，是提高团队协作效率和质量，提升组织能量的关键。OD 人员建立合作共赢的协作机制的流程如下。

1. 建立清晰、明确的协作目标

明确的目标是组建一个强大的团队的前提，有助于激发团队成员的合作热情和工作动力。只有组织成员都了解自己的工作目标，才能更好地与他人合作。

2. 制定协作流程规范

OD 人员需要制定一套符合团队特点的协作流程，以指导和规范团队成员之间的合作。制定好协作流程之后，OD 人员需要进行有效的评估。例如，OD 人员可以用协作指标来评估一项工作的协作情况，以发现其中的问题并进行有针对性的改进。这些工作可以通过一些常见的工具来完成，如协作平台、智能分析工具等。

3. 加强团队成员的技能培训

成功的团队需要成员具备相应的技能和专业知识。OD 人员应该注重团队成员的培训和学习，以使他们的能力得到提升，在合作中更好地开展业务。

4. 加强团队文化建设

团队文化建设是企业管理的重要组成部分，是形成企业竞争力的原始动力。OD 人员可以通过举办一系列的活动，如集体拓展、团队共建等，建设优秀的团队文化。

5. 建立有效的信息共享机制

沟通是团队协作不可或缺的环节。OD 人员需要帮助组织建立一套有效的信息共享机制，保证团队内外信息的高效传递和共享。

建立合作共赢的协作机制是加强团队合作的有效途径。在规范协作流程和塑造合作共赢的文化方面，OD 人员应该尽可能地帮助团队成员理解、信任彼此，构建高效、协同、共赢的团队合作模式。

11.2.4　人性化管理，体现对员工的关心

当下，人们对工作环境的要求越来越高，人性化管理受到越来越多的企业和员工的关注。人性化管理体现了企业对员工的关心，企业能为员工提供一个舒适、和谐的工作环境。

如果一家企业的管理缺乏人性化，很容易导致员工的不满和离开。人性化管理可以使员工感到自己被尊重和被认可，从而提高员工的归属感和忠诚度，降低员工流失率。同时，人性化管理也能够缩短新员工的适应期，降低企业的人力成本。

人性化管理不仅能够提升员工对企业的忠诚度，建设良好的企业文化，还能够强化企业的社会责任，提升企业形象，提高企业的公信力和美誉度。

组织要维护员工的尊严和基本权利。在制定组织管理制度时，OD人员不要一味追求效率和经济效益，而忽略了员工的尊严。例如，当员工因身体原因无法承担某项工作时，OD人员可以考虑为其调整岗位，让其在更合适的岗位上施展才华。

OD人员要关注员工的需求，并尽量满足员工合理的需求，体现对员工的关心。OD人员应该协助组织挖掘员工的创新能力和潜力，并通过职业规划、培训、晋升等方式提高员工的综合素质，激发员工的积极性、主动性、创新性，从而实现员工的自我价值和企业的价值。

员工也有心理需求，OD人员应该关注员工的心理问题，关心员工的情感需求。例如，为员工提供健身房、休息区、心理咨询等场地和服务，给员工提供一个放松、缓解压力的环境，建设有爱心、有温度的企业文化等。

在打造人性化管理模式时，OD人员需要全面考虑员工的利益和感受，以满足员工的物质和精神双重需求。只有这样，才能够建立一个凝聚力强、生产力高的高效团队，实现企业与员工的共同成长。